2022
中国人身保险
产品研究报告

北京爱选信息科技有限公司
北京大学数学科学学院金融数学系
中国财富网
中国财富研究院
·著·

新 华 出 版 社

图书在版编目（CIP）数据

2022 中国人身保险产品研究报告 / 北京爱选信息科技
有限公司等著 . -- 北京：新华出版社，2022.11
ISBN 978-7-5166-6559-6

Ⅰ . ① 2… Ⅱ . ①北… Ⅲ . ①人身保险—研究报告—
中国—2022 Ⅳ . ① F842.62

中国版本图书馆 CIP 数据核字（2022）第 218344 号

2022 中国人身保险产品研究报告

作　　者：北京爱选信息科技有限公司等

责任编辑：田丽丽　　　　　　　　责任校对：刘保利

出版发行：新华出版社
地　　址：北京石景山区京原路 8 号　　邮　　编：100040
网　　址：http://www.xinhuapub.com
经　　销：新华书店、新华出版社天猫旗舰店、京东旗舰店及各大网店
购书热线：010-63077122　　　　中国新闻书店购书热线：010-63072012

照　　排：华兴嘉誉
印　　刷：天津文林印务有限公司

成品尺寸：170mm×240mm
印　　张：18　　　　　　　　　　字　　数：202 千字
版　　次：2022 年 12 月第一版　　印　　次：2022 年 12 月第一次印刷

书　　号：ISBN 978-7-5166-6559-6
定　　价：48.00 元

序　一

党的二十大报告中指出"健全社会保障体系，健全覆盖全民、统筹城乡、公平统一、安全规范、可持续的多层次社会保障体系，扩大社会保险覆盖面。""完善基本养老保险全国统筹制度，发展多层次、多支柱养老保险体系。""推进健康中国建设，把保障人民健康放在优先发展的战略位置""实施积极应对人口老龄化国家战略"。人身保险承担着广大人民群众的养老和医疗的保障职责，落实二十大报告提出的相关具体要求是保险业的重中之重。不断满足人民群众对保险产品的适用性需求，是人身保险产品创新的必然要求。

《2022中国人身保险产品研究报告》已是系列报告的第五本。五年来，系列报告忠实见证和记录了我国人身保险市场的发展和产品更迭，得到了来自产、学、研、消等多方面的广泛关注与热切支持。当前，人身保险市场正处于转型阶段，保险业务面临调结构稳增长压力，人身保险如何实现高质量发展，报告的发布对行业颇有裨益。

我国经济稳增长正面临多重压力，国际形势错综复杂，新冠疫情防控叠加影响，保险业应承担"六稳""六保"的职责，坚持服务实体经济发展、加强保险产品创新，提升保险服务效率，提高保险保障水平，增强风险管理能力，维护资金安全，充分发挥保险的经济"助推器"和

"稳定器"作用。

2022 年，是进入全面建设中国式现代化国家的开局之年，是中国共产党带领中国人民向第二个百年奋斗目标进军的起步之年。我们要按照"稳字当头、稳中求进"经济工作的总基调要求，迈上新征程，建功新时代，踔厉奋发，勇往直前。在新发展格局下，如何应对疫情的不确定性、代理人队伍优化调整、IFRS17 带来的弯道洗牌以及监管压力等一道道难关，对人身险行业适应新的时代变化并顺利转型而言至关重要。整体来看，保持改革定力、回归保障本源是保险机构在行业转型洪流中需要进一步锚定的战略目标，持续增强保障功能，提升服务社会民生能力，是行业在解决供需错配矛盾中的金石之策。

下一步，人身险行业应继续聚焦产品结构调整和服务质效提升，以服务国家战略、服务实体经济、服务人民生活为根本，不断深化保险供给侧结构性改革，依托数字科技赋能及多产业融合发展，在维护传统客群基础上，聚焦老年人、非标体、带病体等特殊人群的风险保障，在养老、健康等多领域实现突破革新。

系列报告每年统计更新相关指标数据，并对当年的行业新趋势与保险产品创新点着重分析研究，且长期坚持，清晰地展现出保险产品的设计变化以及发展趋势。

总体来看，系列报告具有如下特点：

一是报告坚持做行业忠实的见证者和记录人。事物的发展是基于对历史规律的总结，时间是其中尤为重要的维度，连续五年的产品与行业研究，较为清晰地展现了市场变化趋势，见证和记录了人身险行业的阶段性发展。基础工作的长期积累、笃学务实的求知态度、一以贯之的研究定力，种种努力使得系列报告逐步成为行业发展的缩影。

二是报告始终兼具客观视角与专业研究。系列报告研究基于爱选科技庞大的人身险产品数据库，通过对于人身险产品基础信息、责任信息、病种信息、费率信息等内容标准化的系统处理，研究人员得以对市场主流的人身险产品进行横向交叉比对和纵向趋势分析。同时，在真实客观地反映行业发展的基础上，系列报告还坚持观察和研究市场的热点问题与新兴态势，坚持贡献有价值的观点，进行有意义的输出，增强系列报告的专业性。

三是报告阐述了稳中求进、稳中求变、稳中求新内涵与外延。"稳"是整体发展的核心，"进"则是在此基础之上的求变、求新。对于人身险行业而言，规范发展商业养老险、开发适合全人群的健康险，就是稳住民生保障的基本盘；实现产品与服务的深度结合，利用科技赋能保险，促进保险底层逻辑创新，就是行业求"进"的方向。行业如此，系列报告亦如是。"踏实的创新"是系列报告的研究目标与追求，也是研究团队始终恪守的理念与初心。

五年坚守是系列研究的新起点，向前再出发是行业应当探寻的新课题。系列报告团队的笔耕不辍为行业发展提供了基础支持，希望系列报告能够更为广泛地被业界人士所熟知，为我国保险业的可持续发展助力，实现保险业高质量发展，满足多样化保险需求，推动我国由保险大国向保险强国的历史性跨越。

周延礼

全国政协委员、中国保监会原副主席

序 二

作为风险管理的重要手段和现代经济的重要产业,中国保险业在过去的一年中经受住了复杂多变的国际形势、短期承压的经济环境和延宕反复的新冠疫情的交织考验,呈现出在困难时期服务和支持经济社会的强大韧性。2021年人身保险仍然处于调整和转型期,面对销售领域的变革,保险公司针对产品结构不断进行调整和优化。值此之际,《2022中国人身保险产品研究报告》(以下简称《报告》)的成功出版对行业发展将具有重要推动作用。今年是本人第四年参与这项研究工作,也是《报告》连续出版的第五个年头,见证和记录了中国人身险产品市场在过去五年创新发展的历程,充分体现了爱选科技深耕人身险行业、坚持长期主义的基本理念。

在疫情延续和经济转低的催化下,保险业数字化转型的科技进步诉求愈发强烈。一方面,保险公司内部经营的业务链条很长,各环节之间链接的自动化程度较低,人力成本的管理压力大,亟须通过在各个环节的技术进步来提升业务效能;另一方面,保险机构之间的协作仍以传统模式为主,效率低、周期长、成本高,且各系统相对独立,成为行业生态协作的突出阻碍。因此,保险公司业务效能和外部产业生态均需依托数字化实现创新升级进而促进降本增效。爱选科技自成立以来一直致力于将精算和人工智能技术在保险业的生产、销售和风控等环节实现落地,其长期开发和维护的人身险产品库是保险精算与科技融合的重要成果。我也很高兴看到爱选科技在产品库建设的基础上，不断研发和推广面向保险公司产品开发流程的数字化平台系统，我相信这将推动行业在保险产品开发流程上的标准化，缩短保险公司的研发周期，及时应对环境和市场的变化，从而助力保险业更加高效和有针对性地服务经济和社会的需求。

《报告》的数据均来源于爱选人身险产品库。该产品库由精算专业人员实时维护、补充及优化，涵盖数千款保险产品，涉及多类产品险种。结合风险管理、精算等各方面的专业成果，产品库通过严谨的产品责任拆分原则对保险产品进行基本处理及统计分析研究，为《报告》系列奠定了扎实的数据基础。今年《报告》仍延续往年报告的框架，大体分为总报告、分报告及专题报告三个部分。其中分报告对 2021 年各类保险产品进行数据统计分析，共覆盖定寿、终寿、重疾、年金、万能、中端医疗六类人身险险种，这是《报告》系列一直保持更新的主体部分，只有通过市场产品的保险责任等维度对产品进行深度剖析，才能在产品创新设计上行稳致远。

2021 年 12 月 17 日，中央全面深化改革委员会第二十三次会议审议通过了《关于推动个人养老金发展的意见》，国务院办公厅于 2022 年 4 月 21 日正式发布了这个文件，这标志着从国家政策层面明确了我国个人养老保险的第三支柱框架，为保险业开展商业个人养老保险提供了政策保障。在今年的专题报告部分，北京大学数学科学学院金融数学系的研究团队有幸承担了针对商业养老保险需求的初步性研究。报告围绕商业养老保险需求这个视角进行文献梳理和问题汇总，对相关的研究文献按照研究选题、研究方法与研究结论进行总结，并结合各国家地区，尤其是我国的实证和实务经验，探索从产品端视角进行商业养老保险需求研究的可能性和关注的重点，为今后该领域的深入理论研究和实证分析提供基础和建议，进而为行业的商业养老保险体系设计和产品开发提供参考。

今年是《报告》系列连续出版的第五年，这五年来保险业处于从本世纪前十几年的快速发展模式软着陆的过程。90 后开始进入职场、婚姻和生育，这是 20 世纪末最后的一代，最主要的特征是独生子女和互联网移动的常住民，这给人身保险业带来新的客户群。在大数据时代，构建多方位融合的互联网保险产业生态圈成为主旋律，也许可以实现不同行业间的资源整合、优势互补和合作共赢。展望未来 1 至 3 年，个人养老保险第三支柱是一个重要的布局期，保险业要坚持自身在生命周期平滑——承保在先、保险责任发生在后的产品特殊性，积极与银行理财和证券业共同探索我国个人养老保险第三支柱的发展模式。从产品的角度看，人身保险产品应该从以销售为唯一目标的模式，转变为提升保险产品精准性的同时也提高客户对产品的黏性，后者是通过产品中涵盖的优质保险服务来实现的。《报告》系列持续对市场产品进行精细化、标准化的整理，详细解读产品各项责任的变化趋势，为保险产品创新提供了坚实的基础和依据。希望本报告能够为关心、关注中国人身险产品市场的读者提供丰富的素材和信息，同时启发大家的思考并付诸于努力，为我国保险业高质量发展贡献一份绵薄之力。

吴岚

北京大学数学科学学院金融数学系主任、教授

序 三

　　《2022 中国人身保险产品研究报告》走到现在已经第五年了。五这个数字具有独特的意义，人有五官，手有五指，天地有五行五象。有位友人一直关注我们的报告，对我们寄语：有些事看起来简单，但一直坚持下去就会成为一件了不起的事情。这如同跑马拉松，不求快，不求速度，只要日复一日地训练，赛场上的坚持，定能完成那 42.195 公里的赛程。当然，由于内容相对专业，我们的受众还比较窄，做不到出圈，但关注我们的人一直都是我们的老朋友，给予了很多有意义的建议，使得我们这份坚持有了温度。特别是在当前保险和保险科技面临寒冬的时候，我们只能去坚守那份初心，去相信保险业定会迎来周期性的复苏，大家都会好起来。因此为了走得更长远，基于我们的基础研究，我们也做了一些面向市场的改变。在这期间回望过去，这份执着也给我们带来了一些启示和收获。

　　五年，是我们对保险基础研究的坚持。爱选行业保险产品数据库的建设从未停歇，产品库覆盖产品已达 8000 余款，每一款产品均经过标准化、专业化、规范化处理后入库。产品库建设的坚持可以说是本系列报告每年能成功发布的基础。此外，在产品库不断发展的前提下，爱选科技也在不断探索和尝试，寻找让产品库更充分服务行业的途径。因此，我们开发了"人身险产品开放平台"，供 B 端客户使用，共享拆解逻辑，全面提升产品调研分析效率。因为坚持，我们有了新的方向。

五年，是我们对行业发展动向的洞察。爱选科技的自身定位为创新保险产品驱动器。为了在创新产品领域站稳脚跟，爱选科技持续跟进宏观市场整体变化以及微观产品发展趋势，坚持行业研究工作，定期产出专业性文章和报告。同时，爱选科技每月产出行业月报与同业共享，也对外提供每周产品资讯服务。这些努力与坚持一方面让我们自己更加清晰市场现状，明晰方向；另一方面也加强了与行业的互动，有机会听到更多的声音和反馈，拉近爱选与客户的距离。因为坚持，我们有了新的伙伴。

五年，是我们着眼现在，展望未来保险的愿景。"让人人拥有合适的保险"一直是爱选科技发展的愿景。五年来，围绕以"客户为中心"的原则，我们不断完善产品和服务矩阵，顺应市场动向，匹配最贴合、最靠谱的全流程服务。从产品研究咨询、创新产品开发支持，到智能核保引擎应用、各类增值服务的提供，再到产品销售培训等各个环节，爱选坚持为行业提供有意义的输出。不断地思考、不断地探索、不断地试错，进而不断地发展。因为坚持，我们有了新的格局。

在当前保险行业增长乏力的阶段，埋头笔耕让我们拥有了继续前行的勇气。报告背后的工作是单调的、枯燥的、复杂的，"坚持"让我们不断地把发散的意念拉回和聚集，专注到一件事情上来，这点尤为宝贵。很多事情，坚持本身就是最大的意义。爱选也希望这份坚持被更多地看见，激励出更多的"坚持"，一起为行业高质量发展贡献力量。

五年来，报告团队聚沙成塔，发展壮大，具有更强的开放性和包容性。我们由衷地感谢每一位为报告提供帮助和建议的老师。特别感谢项目组的每一位成员：

感谢王和老师高屋建瓴，给我们提出了更高的要求，让我们不断地去改进和思考。

感谢北京大学数学科学学院金融数学系吴岚教授及其博士研究生陈尔默对本报告的辛勤付出，在报告撰写、报告发展等方面提供了诸多专业指导和宝贵意见。

感谢付振平、张佳、王璐璐、焦熹、许沁雯对"专题报告一"的撰写支持，又一次丰富了精算评估的相关内容，并对该主题做了延伸和扩展，使报告具有极强的专业性。

感谢简单心理团队的鄢静婷、王亚婷、陈曦对"专题报告四"的撰写支持，以及在心理专题方面给予的专业意见，使报告整体得以更好地呈现。

感谢北京爱选信息科技有限公司项目负责人高雁、郑宇西、杨寅斌带领整个团队完成报告各项相关工作，并为报告的成功出版做出的巨大努力。特别感谢朱慧君、魏雪宁、万力恺、吕璇、牛雨霏以及爱选科技保险研究部全体实习生在产品资料搜集、整理、调研等方面的默默付出。

砥砺五载，道阻且长。在探索未来保险和科技的路上，爱选科技愿做一道光，或许仅仅只是微光，也能够吸引志同道合的伙伴们会聚，让一些有意义的事情能够长期地传承下去。希望支持我们的伙伴们给予我们更多的意见和建议，一起协作共进！

何创钢

爱选科技联合创始人

引　言

保险是风险管理的重要手段，是现代金融服务业中的重要产业。服务实体经济、保障社会民生是保险业的本职，亦是行业发展理应恪守的宗旨。新冠疫情对社会经济和民生的冲击仍在持续，尽管其对于我国消费者的健康保障意识提升起到一定作用，但疫情所造成的不确定性及对实体经济的冲击依旧给我国保险业带来更多的挑战。加之保险业正处于转型调整的深水期，同时又面临代理人脱落、重疾险发展瓶颈、规模保费承压等诸多问题，保险业在坚持"稳中求进"的工作总基调下，适应新的时代变化以顺利完成转型至关重要。

产品研究在这一过程中起到关键作用。对于消费者而言，保险产品种类繁多、责任设置纷繁复杂、晦涩难懂的条款增加了不具备专业知识背景的普通消费者的理解难度和选择成本，从而使得部分消费者望而却步。如何将产品责任结构化、清晰化、易懂化是我们一直致力实现的目标。对于保险公司而言，民众风险保障意识有所提升但保费收入仍处于低位，这体现了日益突出的供需错配矛盾。因此掌握市场产品基本情况，比对自身产品设计及责任设置，对调整产品发展方向大有裨益。对于人身险行业而言，坚持"保险姓保"的原则直接体现在面向消费者的众多保险产品上，保险产品的创新也应坚守保障本源，更好地服务实体经济，服务社会民生。基于上述考虑，我们坚持连续五年推出"中国人身保险产品研究报告"系列，希望通过专业角度的保险拆解、市场分析和趋势研判，为消费者选择及业界发展提供些许帮助和参考。

《2022中国人身保险产品研究报告》基于专业精算人员开发并不断维护和完善的爱选人身险产品库，通过统计分析、风险计量建模等研究方法，对我国保险市场中报备于2021年的主要人身保险产品从产品责任设计、条款内容及产品费率等维度进行深入地对比研究。与2021年的报告相比，本年度报告在延续总报告、分报告及专题报告整体框架的基础上，寻求创新，积极突破：一方面，总报告从宏观层面对保险行业的发展状况及前景进行探讨，由浅入深地剖析中国保险市场的变革，并给出专业观点及趋势分析；分报告的统计部分保持内容精细化、数据精准化的风格，全面覆盖定期寿险、终身寿险、重大疾病保险、年金保险、万能保险及中端医疗保险六类产品类型；另一方面，专题报告由一个精算评估分析报告和三个行业热点研究报告组成，对偿二代、商业养老保险、心理服务、护理保险等问题进行深入研究，使得报告整体内容更具专业性。对于保险市场的广大参与者而言，可根据不同需求从本报告中获取参考。

目　录

总 报 告

一、市场综述

2021 年是保险行业艰难的一年。据银保监会公布的保险业经营数据显示[①]，2021 年人身险业务原保费收入 33229 亿元，为近 10 年来首次负增长。其中，寿险业务原保费收入 23572 亿元，同比下降 1.71%，也进入负增长状态。健康险业务原保费收入 8447 亿元，同比增长 3.36%，增速大幅放缓。意外险业务原保费收入 1210 亿元，同比增长 3.07%，实现正增长。在赔付支出方面，2021 年寿险业务赔付支出 3540 亿元，同比下降 4.71%。健康险业务赔付支出 4029 亿元，同比增加 37.91%，增速加快。意外险业务赔付支出 352 亿元，同比增长 11.50%。综合来看，自 2019 年以来，人身险保费收入增速变缓，而赔付支出增速持续增高。

---

① 数据来源：中国银行保险监督管理委员会于 2022 年 1 月 25 日发布的《2021 年 12 月保险业经营情况表》。

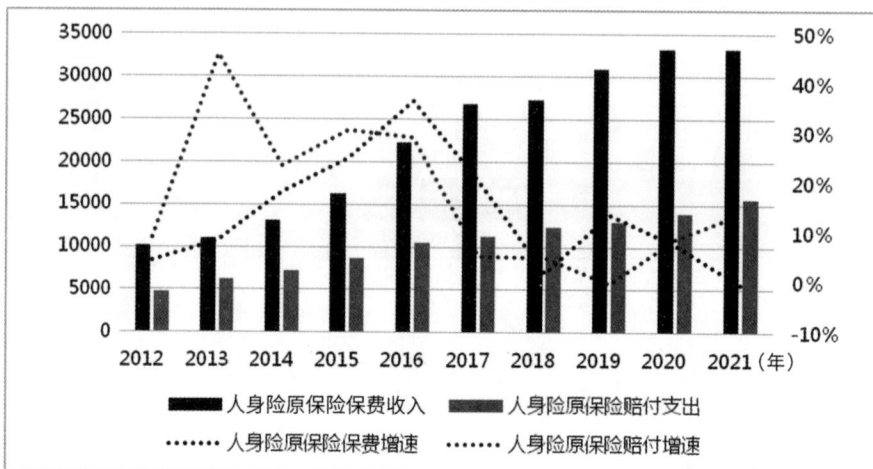

图 1　2012—2021 年人身险原保险保费收入与赔付支出趋势图

当前保险业正在经历一个非常艰难的时期，从 2015—2016 年广泛增员，保费高速增长，转眼间到现在，代理人数目锐减，人身险业务萎缩。短短的几年浓缩了从一片蓬勃高速发展到找不到北的急刹车时期。加上大环境下全球疫情因素的叠加，这样一段经历在历史上并不多见。面对当前市场下滑、疫情的持续影响、行业保费低速增长、代理人快速脱落等现状，保险业无疑已经步入了"新常态"。这样的大环境下，保险人从"茫然不知所措"到"习以为常"，行业面临哪些挑战，如何破局，怎样寻找发展的第二曲线，成为从业者持续思考的问题。此时是需要保险业去探索底层保险理论问题，去加深思考，深淘滩低做堰，从而去从困局中突破，实现创新。

站在当下这个时点，从市场宏观的角度来看，保险业的发展在现有的运转模式下的确遇到了瓶颈。

■ 保费上涨困难，市场热点切换

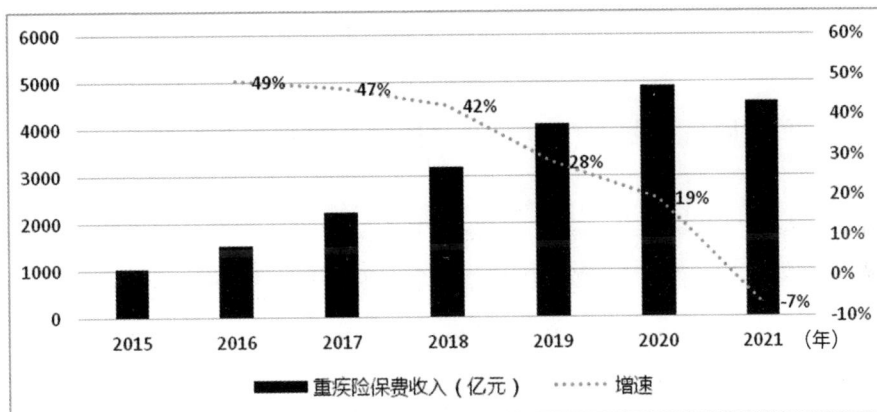

图 2 2015—2021 年重疾险保费收入趋势图

以重疾险为例，近 5 年保费增速断崖式下跌，增速从 2017 年的 47% 跌落到 2021 年的 –7%，重疾新单保费从 2019 年的 1000 亿跌落到 2021 年的 500 多亿。一定程度上也反映了重疾险市场"堆砌式"、"内卷式"的产品开发思路已经走到了尽头。截至 2018 年年末，重疾险市场存量有效保单共计两亿余件，件均保额 10.8 万元[①]。2020 年，我国持有有效重疾险保单的消费者已超过 1 亿人次[②]，我国重疾险渗透率已达到较高水平，重疾险发展遇到瓶颈。市场上有观点认为目前重疾险件均保额较低，老客户的"加保"会带动重疾保费的再一次拉高，因此重疾市场仍存在较大的发展空间。但"加保"创造的空间是有限的，是"治标不治本"的。此外，医

[①] 数据来源：中国人身保险业重大疾病经验发生率表（2020）编制报告。

[②] 数据来源：中国保险行业协会、中国医师协会就《重大疾病保险的疾病定义使用规范修订版（公开征求意见稿）》公开征求意见并就相关问题答记者问。

疗险的快速发展，尤其是长期医疗险的发展对重疾险有明显的替代作用，将进一步对其销售造成影响，重疾险压力激增。再者，寿险保费趋势已开始稳中走低，医疗类产品和年金类产品各家差异化小，市场竞争激烈。

■ 产品同质化问题严重，保司如何布局资源和服务

当下，行业同质化问题严重，主要体现在三个层面：客户层面、产品层面和服务层面。从根本上讲，三个层面可以归结为保司经营需求的同质化。从国内外保险产品分类来看，人身险产品主要解决死亡、疾病、长寿和护理等个体风险的防范和管理需求，但仅基于这个理论层面的需求去开发产品，其保障责任以及服务内容必然雷同，结果必然是市场的快速饱和，以及价格方面的恶性竞争。实现行业差异化经营的关键，需要对客户深耕，进行更加精细化的客户需求管理和分析，从当前市场阶段和个体保障需求的差异化入手，去开发针对性的产品，打破供给的同质化。

此外，我国人身险公司 90 家，分支机构数量加总起来有 850 余家，某一市级地区的保司分支机构可能多达百家。虽然我国保险公司数量看起来不多，但是集中在这样一个小区域，百余家公司都开展类似的业务，会造成资源不合理配置，使得该地区市场竞争激烈，保司经营成本提高，但整体服务效率较低。

■ 主力渠道衰退，面临专业化变革

人身险产品，特别是复杂的重疾险和年金险等，主要还是通过个险渠

道销售。而代理人近几年大幅减少，数量接近腰斩。一方面，人口红利的消失，使得"自保单"、"亲情单"走到尽头。另一方面，经过30年的保险初级教育，代理人的历史使命下降。此外，受到其他一些"低门槛"却相对"高收入"行业的冲击，如外卖员、快递员等，选择需要具备一定金融保险专业素质的代理人为职业的人变得愈发稀少。主力渠道的衰退，影响保费收入，导致业绩下降。

从保险业发展路径来看，个险渠道仍然是非常重要的渠道，尤其是对于复杂的人身险产品销售来说，过程仍需人的参与，中短期内具有不可替代性。另一方面随着客户保险意识的提升，拥有一定保险知识储备的消费者，购买更加理性，需要更加专业的服务人员。行业已不再需要那么多初级代理人，对代理人专业素质和能力提出了更高的要求。渠道转型已在路上。

从客户和产品这个微观的角度来看，行业出现多方不匹配问题，困境突显。

■ 客户的持续变化与产品基本不变的矛盾

保险产品服务的客户是动态持续变化的。首先，从年龄结构上看，我国老年化趋势明显。国家统计局第七次全国人口普查结果显示，我国60岁及以上的老年群体比例为18.7%，远超国际10%的老龄化标准。其次，从健康情况上看，中国亚健康人群比例极高，达到70%，加上疾病发病群体，非健康人群比例高达85%[1]。根据爱选体检数据分析，核心身

---

[1] 数据来源：艾瑞咨询《2020年中国百万医疗险行业发展白皮书》。

体指标[①]完全无异常的人群比例很低，女性为 19%，男性为 14%。客户健康问题普遍化。从分年龄段的数据来看，年龄越大，身体越差；同时健康问题已呈年轻化趋势。随着保险的普及以及消费者对保险理解的加深，客户对于保障的深度和范围都有了更多的需求。而且，部分中高端客户已经开始向保险寻求更多的有质量的配套服务。

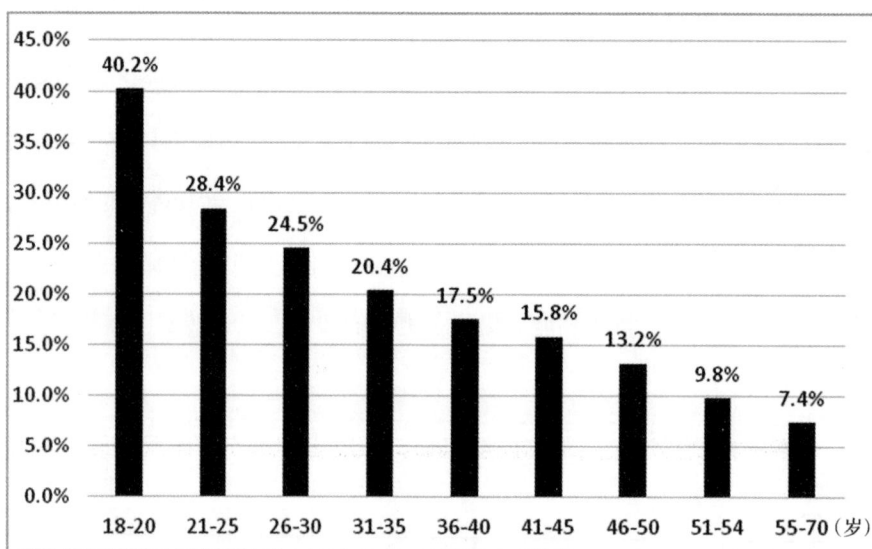

图 3　分年龄段体检数据达标率

　　客户画像一直在变化，客户需求不断丰富。《2021 年中国互联网保险消费者洞察报告》显示三成消费者期待在针对特殊疾病的产品上可以有更多选择，降低参保门槛，并预判带病体等特殊人群保险需求将持续增长。而市场提供的产品责任设计大多为以"销售为导向"且是"技术支持范围

---

　　① 指标为 15 项数值型指标：体重指数、血糖、甘油三酯、总胆固醇、TCHDL、天门冬氨酸氨基转移酶、丙氨酸氨基转移酶、肌酐、尿素、血红蛋白、红细胞计数、血小板计数、收缩压、舒张压、动脉硬化指数。

内"的,因此产品设计,在过去这么多年,一定程度上是没有太大变化的,或者说是难以改变的。但这样的产品在应对老年化、非标化以及寻求保险"服务化"的客户需求时显得无能为力。并且,开发这样的产品需要更多的专业技术支持。以非标体产品为例,其受众群体身体状况复杂、赔付风险呈指数级增加且缺乏经验数据准确衡量,想要突破单病种产品开发模式,向综合型带病体保险产品转型需要更多的数据支持、精算支持以及产品流程技术支持等。种种原因,导致市场上人身险产品的供给与需求已经处于失衡状态。

■ 定价基础与理赔问题

上述体检数据结果显示,"完全健康"的人群比例很低,根据现行的核保手册,大部分投保人群都不能正常投保,但实际情况,仅仅依靠健康告知的承保率很高。爱选科技基于目前重疾险核保标准,以真实体检数据加以模拟检验,发现约50%的人群需要进行人工核保,约30%的客户理论上需要做拒保处理,这与目前行业现状出入很大。这一方面说明不如实告知的逆选择问题仍然普遍存在;另一方面在现有模式下,当前产品承保人群其实并非完全标准体,而是一个包含了不少非标体的人群。同时随着社会的发展,疾病谱也发生了变化,导致重疾险赔付经验恶化,不少再保对重疾险业务已经非常审慎。此外,针对"非标体"的产品供给较少,由于这类产品的定价难、缺乏依据,且市场还处于初级阶段,使得这样的人群不得不隐瞒真实情况去购买"标准体"产品,进一步加剧逆选择。

■ 销售问题

目前产品另一个困境在于销售。以个险渠道为例，代理人销售产品若经常遇到客户阳性告知，则需要进入人工核保流程，人工核保时间长，需要资料多，从而打断了销售路径，容易造成客户脱落或较差的投保体验。再以网销产品为例，大多产品只要是阳性告知便"一刀切式"的拒保。随着行业规范化的进程，客户诚信度的上升，越来越多的人会选择如实告知，但是非标体的风险判断的成本较高，判断效率较低，现有模式导致产品销售受阻。

综上，可以看到需求端的变化，以及产品生产端和销售端两方面均存在困难。市场上缺少满足新需求的新产品供给，外加传统产品销售愈发困难，且满足消费者需求的新产品断档，因此我们判断，当前市场将进入一个为期几年的转型回暖周期。

行业处于这样一个特殊时期，各家保司仍在迷雾中摸索时，行业仍存在一些亮点：一是个别公司对养老社区的预见性，重规模打造的养老社区布局，顺应了养老金发展的大主题，在这个低迷的市场环境下，反而取得了保费和利润的大幅增长；二是个别注重代理人质量的公司，由于团队整体素质和专业能力普遍较高，面向中高端客户群体，在当前市场下，受大环境影响较小，仍能保持业务的数量和质量。

对于行业整体而言，需要摸索在"新常态"下发展保险业务的道路。以前是单一模式下的规模增长，现在需要向规模和质量并重的方向发展，注重行业基本价值，建立差异化服务。未来，真正满足客户需求，提供有质量、有价值的公司才能抵御周期性变化，而忽略客户价值，没有清晰定位的公司终将被市场抛弃。行业的发展应该跟随客户需求的改变，产品经营和客户服务需要精细化、高质量化。从发现需求、明确需求到解决需求的过程中不断扩展行业新边界。

■ 发现新需求——以客户为中心

行业已经从"无中生有"的阶段进入到了"三生万物"的阶段，从"客户销售"时代进入到"客户经营"时代。"以需求为导向，以客户为中心"的战略需要以数据分析能力以及风险识别能力为基础，根据不同需求分类标准对客户进行合理分层。每一个分类标准相当于一个"标签"，当标签足够精准，且具有相同标签集合的群体数量级较大且可触达，则这些标签反映出的需求会更加立体，开发成保险产品的可行性越高。谁能抓住需求，谁就能抓住市场。目前可以清晰地看到，非标体需求、护理需求、心理服务需求等已成为产品开发人员关注的重点。

■ 解决新问题——科技赋能

发现需求仅仅是第一步，如何满足需求，将其变成保险产品来服务客户是关键。这个过程中需要解决定价基础问题、产品流程问题、风险评估与控制问题、产品开发成本问题、新产品销售问题等。除个别大型保司外，若独立解决以上问题，保险公司的投入产出比可能并不理想，整个行业的效率也欠优。这个空间，正是保险科技的价值所在。可能是通过大数据、算法以及其他技术解决某一环节的问题，也可能是提供全流程的解决方案，将不同保险参与者链接起来，打通各环节信息流，完善服务流。

■ 扩展新边界——建立行业"生态圈"

以洞察需求、满足需求为出发点，建立行业"生态圈"为行业边界扩展的根本，也让保险拥有更多的可能性。保险业本身是非常适合作为"生态圈"的构建者，通过构建风险整体解决方案，将各个风险环节的参与者融合进来，如药企、医疗机构、各类第三方服务机构、鉴定机构、理赔机构等，强化彼此间的联动性、供应性和整体发展的持续性。保险经营从来不是一个零和游戏，"生态圈"的构建是保险业整体价值的体现，行业也将承担更多的社会责任。

2021年，保险行业是不易的，而且可能会是一个中期持续状态，但行业轮廓已逐渐清晰。在过去的一年里，监管导向明确：回归保障，回归价值。指导行业发展规范化、风险明晰化、可控化。展望未来，保险将构建一个有张力的闭环，更加多元与包容，促进行业高质量发展！同心一力，万物生辉！

二、研究结果与展望

本节我们将对各分报告产品进行总结，并对各类产品发展情况进行简要讨论。

（一）定期寿险

产品形态上，2021 年定期寿险产品报备数量（非团险）仅 20 余款，主要责任仍然为身故和全残。部分产品会根据特定情况给予额外给付，如重大自然灾害、特定交通意外、猝死等。个别产品提供增额权或保障延长选择权。数据统计上，2021 年定期寿险产品的项目统计结果呈消费者利好趋势：等待期减少、犹豫期延长、交费方式更加灵活等。产品价格上，水平略有上浮，但总体仍处于低位。

定期寿险是人身保险中责任较为简单和规范的产品。产品角度，可以继续探索互动式保单，与健康管理巧妙融合，提升产品互动性的同时达到风险控制的目的。定价方面，可以尝试对于运动数据、行为数据等的深度挖掘，寻找其和死亡率间的关系，服务于产品定价。此外，基于互动式数据的支持，优选定寿的发展将更进一步。

（二）终身寿险

2021 年增额型且含全残责任仍是终身寿险产品发展的主流趋势。增额型终身寿险产品的平均增额率为 3.57%，个别产品的增额率与保单年度相关，且有少数产品可支持同时保障两位被保险人。数据统计方面，2021 年终身寿险的平均最高投保年龄进一步上升，可保障人群更加广泛，犹豫期和等待期的变化与定期寿险一致。价格水平方面，2021 年普通型终身寿险有小幅提升，增额型终身寿险在近三年均呈下降趋势。

增额终身寿险以其"储蓄"性质和保费规模在市场和保司均占据重要

的位置，其发展也在逐步的规范化。"2022 负面清单"扩容增额终身寿险相关内容，提到在责任设计方面"增额终身寿险的保额递增比例超过定价利率，存在严重误导隐患"以及"增额终身寿险的减保比例设计不合理；加保设计存在变相突破定价利率风险"的问题。

（三）重大疾病保险

2021 年重大疾病保险产品主要责任包括重症、轻症、中症、特定疾病、身故、全残等，部分产品还设置了终末期疾病、保费豁免及疾病其他责任。在其他疾病责任中，2021 年的重疾险新增了人工肺特别关爱金和重度抑郁关爱金等创新责任。整体来看，2021 年重疾险种同时涵盖多项责任的产品占比相较于 2020 年有所上升，产品的保障更全面；且覆盖的平均病种数量逐年增加、赔付次数增加、疾病赔付方式更多样化。

重疾险已是国内市场上较为成熟的产品。目前该类产品责任设计几乎达到天花板，但规范性仍然欠缺。产品形态上，预计一部分公司会继续持有复杂产品策略，另一部分或将"返璞归真"。规范性上，以病种设置为例，复杂难懂，且部分定义缺乏科学性。2022 年 3 月，银保监会拟研究建立重疾定义长效工作机制，按照"小步快跑"的方式及时修订重疾定义，研究制定重疾理赔指南，为相关问题提供专业咨询意见。监管将再一次引领行业重疾险的规范化。

（四）年金保险产品

年金保险产品中，养老年金的比重逐年上涨。从身故责任来看，普通年金的身故给付方式主要为"已交保费和现金价值两金取大",而养老年金的身故给付方式普遍为"年金领取日前后进行责任划分";年金保险中,养老金责任的占比也呈上升趋势,与老龄化背景下养老保险体系建设相呼应。在普通条款的统计结果中,养老年金的投保年龄区间基本保持稳定,年金产品的交费方式更加多样,且保险期间提供多种选择,整体呈现保障期间延长趋势。

养老是市场大势所趋,开发真正的养老年金,探索"养老"与"健康"结合的老年产品或成新亮点。将老年人复杂且多元的需求通过保险产品相互联结,提供全方位的解决方案是探索的方向。如将体检与年金险结合,一方面覆盖实际健康需求,另一方面为老年人健康险产品需求作铺垫。可以基于体检数据对人群做进一步分层匹配不同的保障方案和服务方案,在风险可控的前提下做更完善的老年产品体系规划,为客户提供差异化、精细化的保险保障。

(五)万能保险产品

2021年万能保险产品各交费方式占比情况整体与2020年保持一致,趸交、追加及转入是当下万能险产品的主要交费方式,且多数产品趸交和追加的扣费比例相同。万能险其他责任的统计结果如下:总体来看退保费用率有所下降,多数万能险的部分领取费用率和退保费用率设置相同;奖励起始时间呈延后趋势;保证利率整体下调,在统计的产品中多数保证利率设为2.5%。从结算利率方面来看,受宏观经济降温及监管影响,2021年万能险产品的结算利率与2020年相比呈显著走低趋势,主要集中在

3.5%—5.0%。

万能险与其他普通产品相比拥有缴费灵活、保额可调、风险保障与储蓄投资兼顾等优势，但近年来受监管和经济环境双重影响，万能险产品结算利率持续承压，保险公司产品设计备受挑战。另一方面，当前市场上也存在少数万能型养老年金产品，在老龄化背景下人们对长期保障资金增值的财富管理工具需求增加，借以平滑经济波动造成的资产减值。因此该类产品也不失为切合市场需求的创新之举，值得进一步探索。

（六）中端医疗保险

中端医疗保险产品中，在一般医疗保险责任的基础上补充"重大疾病医疗保险责任"和"质子重离子医疗保险责任"的产品占比进一步提升；且自 2019 年以来，特定疾病及手术医疗保险责任和恶性肿瘤特定药品费用医疗保险责任的占比也呈显著上升趋势。统计方面，一般医疗保险责任的各项费用占比均较为稳定，重大疾病医疗保险责任的重疾病种数量呈逐年快速增长趋势，此外，医疗险产品的其他医疗责任也更加丰富，为被保险人提供充足保障。

中端医疗险"非标化"趋势明显。不少产品已经放开"三高"人群，有的产品支持上百种疾病的自动核保。目前"非标体"产品的创新其实大部分来源于核保创新，是核保自动化、精细化的体现。在自动化的基础上，规则越精细，可涵盖的人群越多，风险越可控。根据 2021 年各保司短期健康险综合赔付率统计，半数公司的赔付率不高于 40%。赔付率低存在多种因素解释，但若因为责任设置不合理，理赔条件过于严苛这种原因，则产品意义不大，无法解决实际的医疗支付问题。一定程度上讲，赔的金额不够，保费就不能增长。医疗险的未来发展肯定仍是"放利益、放人群"，在风险可控的前提下，满足更多需求，合理增加赔付，从而促进保费的增长。

分报告一
2021 年定期寿险产品数据统计

　　《分报告一 ——2021 年定期寿险产品数据统计》的分析数据均来自市场公开信息，如产品条款、产品费率等。本分报告以下的统计分析结果基于 23 款报备年度为 2021 年的定期寿险产品。

一、保险责任

（一）主要责任

　　定期寿险保险合同的主要责任为身故和全残。2021 年统计的定期寿险产品中，有 22 款同时提供身故和全残保障，剩余 1 款产品仅提供身故责任。

（二）其他责任设置

　　部分定期寿险产品，除一般身故（全残）设置外，还会针对一些特定情况给予额外赔付，如特定重大自然灾害、特定公共交通意外（包含轨道、轮船、航空意外等）、特定年龄范围（如 45 周岁前）、特定时间范围

（如法定节假日期间）以及特定死因（如猝死）等。

　　此外，少数定期寿险为变额定期寿险，即在保险期间内，保额增加或减少。在统计的定期寿险产品中，有 3 款产品提供增额权，其指被保险人发生特定的人生重大事件（通常为被保险人结婚、子女出生或贷款购房）且保单满足一定条件时，可以向保险公司申请增加基本保险金额，增额的次数及幅度均有要求，但无须提供额外的健康证明文件。特别地，其中 1 款产品还提供了保障延长选择权，其指被保险人在保单满足一定条件下申请解除合同时，可投保指定的定期寿险或终身寿险而无须健康告知或体检，从而实现保障的延长。

二、免责条款

表 1　定期寿险产品免责条款数量统计

身故免责条款数量	比例		变化趋势
	2020 年	2021 年	
3 条	37%	65%	↑
4 条	11%	—	—
5 条	14%	13%	↓
6 条	3%	—	—
7 条	34%	22%	↓

表 2　定期寿险产品标准免责条款情况统计

	免责条款	比例		变化趋势
		2020 年	2021 年	
1	投保人对被保险人的故意杀害、故意伤害	100%	100%	→
2	被保险人故意犯罪或者抗拒依法采取的刑事强制措施	100%	100%	→

（续表）

免责条款		比例		变化趋势
		2020 年	2021 年	
3	被保险人在本合同成立日或最后复效日（以较迟者为准）起两年内自杀，但被保险人自杀时为无民事行为能力人的除外	100%	100%	→
4	被保险人主动服用、吸食、注射毒品	63%	43%	↓
5	被保险人酒后驾驶，无合法有效驾驶证驾驶，或驾驶无有效行驶证的机动车	66%	48%	↓
6	核爆炸、核辐射或核污染	43%	22%	↓
7	战争、军事冲突、暴乱或武装叛乱	49%	22%	↓

由表 1 可知，2021 年统计的定期寿险产品中，3 条免责的产品比例大幅增加，5 条、7 条免责的产品比例减少。由表 2 可知，后 4 条免责条款占比都有一定程度的下降。值得注意的是，2021 年多数条款存在将两条或以上单项免责合并为一条的情况，因此虽然数据上看，2021 年定期寿险产品免责条款数量呈显著减少趋势，但实际减少程度差强人意。

三、普通条款

（一）投保年龄

表3　定期寿险产品最低投保年龄统计

最低投保年龄	比例		变化趋势
	2020 年	2021 年	
18 周岁	83%	83%	→
20 周岁	9%	4%	↓

（续表）

最低投保年龄	比例		变化趋势
	2020 年	2021 年	
22 周岁	3%	——	——
没有明确	6%	13%	↑

表 4　定期寿险产品最高投保年龄统计

最高投保年龄	比例		变化趋势
	2020 年	2021 年	
40 周岁	9%	——	——
50 周岁	17%	4%	↓
55 周岁	11%	9%	↓
60 周岁	51%	70%	↑
61 周岁	——	4%	——
65 周岁	6%	——	——
没有明确	6%	13%	↑

由表 3、表 4 可知，与 2020 年产品相似，2021 年定期寿险的最低投保年龄多数设为 18 周岁，比例为 83%；最高投保年龄多数设为 60 周岁，比例达 70%。

（二）保险期间

定期寿险的保险期间可以大致分为两类：固定期限或至固定年龄，大部分定期寿险产品为了满足投保人的不同需求，提供了多种保险期间。

表5 定期寿险产品保险期间统计

保险期间	比例		变化趋势
	2020 年	2021 年	
10 年	23%	43%	↑
10–30 年	—	9%	—
15 年	6%	13%	↑
20 年	66%	57%	↓
25 年	17%	9%	↓
30 年	86%	57%	↓
35 年	6%	4%	↓
40 年	9%	4%	↓
至 40—50 周岁	15%	27%	↑
至 55 周岁	14%	9%	↓
至 60 周岁	71%	57%	↓
至 65 周岁	57%	39%	↓
至 66 周岁	3%	—	—
至 70 周岁	77%	57%	↓
至 75 周岁	20%	13%	↓
至 77 周岁	3%	—	—
至 80 周岁	31%	39%	↑
至 88 周岁	6%	9%	↑
没有明确	3%	22%	↑

由表5可知，在固定期限中，20 年和 30 年最为常见，比例均为 57%；在保障至固定年龄中，保障至 60 周岁和 70 周岁最为常见，比例也均为 57%。

（三）交费方式

定期寿险的交费方式一般分为趸交、固定交费年限和交费至固定年龄。多数定期寿险产品会提供和保险期间相同的交费方式，如保险期间为 30 年则交费期间也为 30 年。

表 6　定期寿险产品交费方式统计

交费方式	比例		变化趋势
	2020 年	2021 年	
趸交	40%	39%	↓
3 年	3%	—	—
5 年	43%	39%	↓
5—25 年	—	4%	—
10 年	66%	57%	↓
15 年	17%	9%	↓
20 年	74%	61%	↓
25 年	11%	4%	↓
30 年	63%	57%	↓
40 年	3%	—	—
至 40 周岁	—	4%	—
至 45 周岁	3%	4%	↑
至 50 周岁	3%	4%	↑
至 55 周岁	3%	4%	↑
至 60 周岁	20%	39%	↑
至 65 周岁	17%	26%	↑
至 70 周岁	14%	30%	↑
至 75 周岁	—	4%	—
至 80 周岁	—	9%	—
没有明确	14%	30%	↑

由表 6 可知，2021 年统计的定期寿险产品，交费方式更加多样化，且以固定交费年限方式为主。其中，10 年交、20 年交和 30 年交比例大，分别为 57%、61% 和 57%，但相比于 2020 年，其比例已有一定程度的减少；与之对应的，交费至固定年龄的占比呈现出整体上升的趋势。

（四）犹豫期

2021 年统计的定期寿险产品中，犹豫期采用 15 天的产品比例下降，由 2020 年的 74% 下降至 61%；同时 20 天犹豫期的占比由 2020 年的 26% 上升至 39%。整体来说，呈犹豫期延长趋势。

表 7 定期寿险产品犹豫期天数统计表

犹豫期	比例		变化趋势
	2020 年	2021 年	
15 天	74%	61%	↓
20 天	26%	39%	↑

（五）等待期

2021 年统计的定期寿险产品中，等待期多数设为 90 天，比例为 87%。个别产品没有设置等待期，这在定期寿险中是比较少见的，可能会加大逆向选择的风险。

表 8 定期寿险产品等待期统计表

等待期	比例		变化趋势
	2020 年	2021 年	
60 天	3%	—	—

（续表）

等待期	比例		变化趋势
	2020 年	2021 年	
90 天	77%	87%	↑
180 天	17%	—	—
无	3%	13%	↑

四、价格水平

定期寿险的产品责任简单，各产品相差无几。因此，本分报告直接计算统计了 2019-2021 年间定期寿险 30 岁男性，保险期间 30 年，交费期间分别为趸交、10 年交、20 年交、30 年交的千元保额平均费率。价格水平统计结果见表 9。

整体来看，2021 年定期寿险的价格水平略有上浮，但总体仍处于低位。对于保险公司而言，当前价格竞争仍是争夺定期寿险市场份额的主要方法，以客户需求为中心的产品创新是摆脱"内卷"的关键。

表 9　定期寿险产品价格水平（单位：元）

定期寿险	2019 年	2020 年	2021 年
趸交	25.47	22.51	23.56
10 年交	2.92	2.70	2.82
20 年交	1.63	1.57	1.62
30 年交	1.33	1.21	1.25

分报告二
2021 年终身寿险产品数据统计

    《分报告二——2021 年终身寿险产品数据统计》的分析数据均来自市场公开信息，如产品条款、产品费率等。本分报告以下的统计分析结果基于 97 款报备年度为 2021 年的终身寿险产品。

    终身寿险产品按照保额是否可变，可分为定额终身寿险和增额终身寿险。2021 年统计的终身寿险产品中，增额终身寿险的占比是 84%，同比增长 4%。

一、保险责任

（一）主要责任

    终身寿险保险合同的主要责任为身故和全残。2021 年统计的终身寿险产品中，同时提供身故和全残保障的终身寿险产品比例为 80%，其余终身寿险仅提供身故保障。终身寿险产品保险责任统计结果详见表 1。

表 1　终身寿险产品保险责任统计

保险责任	比例		变化趋势
	2020 年	2021 年	
增额含全残	63%	70%	↑
增额无全残	17%	13%	↓
定额含全残	13%	10%	↓
定额无全残	7%	6%	↓

由表 1 可知，增额含全残类产品比例从 2020 年的 63% 上升至 70%，增额无全残类、定额含全残类和定额无全残类产品比例均有所下降。总体来看，"增额"和"含全残"仍是终身寿险产品的发展趋势。

此外，增额终身寿险产品中，约 44% 的产品增额率为每年 3.50%。2021 年平均增额率为 3.57%，与 2020 年平均增额率相近。其中，有个别增额终身寿险的增额率与保单年度挂钩，如第 30 个保单年度及之前增额率为 3.8%，第 30 个保单年度后增额率为 3.5%。另外，多数增额终身寿险的被保险人为一人，但有少数产品同时支持设置两位被保险人。

（二）其他责任设置

1. 投保人身故或全残豁免保险费

投保人身故或全残豁免保险费指投保人在满足一定条件下身故或全残时，可免交自投保人身故或确定全残之日起的续期保险费，已豁免保费视为已交，保险合同继续有效。

2021 年统计的终身寿险产品中，有 3 款产品提供了此项责任并做了条件限制，如"仅意外"、"投保人年龄限制（如 60 周岁或 70 周岁前）"

和"投保人与被保险人不为同一人"。

2. 意外身故或全残额外给付

意外身故或全残额外给付是指被保险人遭受意外伤害事故，并因本次伤害事故直接导致被保险人在该事故发生之日起 180 日内身故或全残的，且被保险人身故或全残时满足一定条件（如 18—75 周岁），保险公司在给付一般身故或全残保险金的同时，按照合同约定额外给付意外身故或全残保险金。意外身故或全残保险金通常按照基本保额或基本保额的一定比例等方式给付。

2021 年统计的终身寿险产品中，有 7 款产品提供了此项责任。

3. 航空意外身故

航空意外身故是指被保险人遭受航空意外，并因本次伤害事故直接导致被保险人在该事故发生之日起 180 日内身故，保险公司在给付一般身故保险金的同时，按照合同约定额外给付航空意外身故保险金。部分终身寿险按照已交保费提供航空意外身故保险金，还有部分按照基本保额的一定比例或身故保险金给付。部分终身寿险产品添加了年龄限制，如被保险人满足 18—75 周岁或 18—80 周岁；还有一些产品添加了给付上限，大多为 1000 万或 2000 万。

2021 年统计的终身寿险产品中，有 16 款产品提供了此项责任。

除航空意外身故责任，个别终身寿险产品还提供自驾车身故、火车身故、重大自然灾害身故、公共交通意外身故和法定节假日期间意外身故责任中的一种或几种。

二、免责条款

表 2　终身寿险产品免责条款数量统计

身故免责条款数量	比例		变化趋势
	2020 年	2021 年	
3 条	20%	19%	↓
4 条	6%	1%	↓
5 条	7%	19%	↑
6 条	5%	1%	↓
7 条	58%	57%	↓
7 条以上	3%	4%	↑

表 3　终身寿险产品免责条款情况统计

	免责条款	比例		变化趋势
		2020 年	2021 年	
1	投保人对被保险人的故意杀害、故意伤害	100%	100%	→
2	被保险人故意犯罪或者抗拒依法采取的刑事强制措施	100%	100%	→
3	被保险人在本合同成立日或最后复效日（以较迟者为准）起两年内自杀，但被保险人自杀时为无民事行为能力人的除外	100%	100%	→
4	被保险人主动服用、吸食、注射毒品	77%	79%	↑
5	被保险人酒后驾驶，无合法有效驾驶证驾驶，或驾驶无有效行驶证的机动车	78%	80%	↑
6	核爆炸、核辐射或核污染	71%	64%	↓
7	战争、军事冲突、暴乱或武装叛乱	71%	64%	↓

由表 2 可知，2021 年统计的终身寿险产品中，半数以上产品免责条款设计为 7 条。5 条免责的产品比例增加，其中 5 条免责比例比 2020 年增加 12 个百分点；3 条、4 条免责的产品比例减少，其中 4 条免责比例相较于 2020 年下降了 5 个百分点。由表 3 可知，7 条标准免责条款中最后两条的比例呈下降趋势。总体来看，2021 年终身寿险产品免责条款数量呈小幅增加趋势。此外，仍有产品存在"免责合并"的问题，即将多条免责合并成一条免责，造成免责数量少的假象。

三、普通条款

（一）投保年龄

终身寿险的最低投保年龄多数设为 0 周岁（包含 7/28/30 天），最高投保年龄在 50—80 周岁。2021 年统计的终身寿险产品中，最高投保年龄在 75 周岁和 80 周岁的比例呈上升趋势，投保年龄进一步放开。投保年龄统计结果见表 4 和表 5。

表 4　终身寿险产品最低投保年龄统计

最低投保年龄	比例		变化趋势
	2020 年	2021 年	
0 周岁	85%	89%	↑
18 周岁	5%	4%	↓
50 周岁	—	1%	—
没有明确	10%	6%	↓

表 5 终身寿险产品最高投保年龄统计

最高投保年龄	比例		变化趋势
	2020 年	2021 年	
17 周岁	1%	—	—
50 周岁	—	1%	—
55 周岁	1%	—	—
60 周岁	5%	4%	↓
65 周岁	11%	6%	↓
67 周岁	—	2%	—
69 周岁	1%	—	—
70 周岁	45%	42%	↓
72 周岁	—	1%	—
75 周岁	21%	29%	↑
80 周岁	6%	8%	↑
没有明确	10%	6%	↓

（二）交费方式

大部分终身寿险的交费方式分为趸交和固定交费年限，并同时提供多种可选交费方式。此外，极个别终身寿险产品提供交费至固定年龄的方式。2021 年统计的终身寿险产品中，趸交方式比例上升，期交中，短期期交方式比例呈上升或不变趋势，而长期期交方式比例均呈下降趋势。交费方式统计结果见表 6。

表6　终身寿险产品交费方式统计

交费方式	比例		变化趋势
	2020 年	2021 年	
趸交	69%	73%	↑
3 年	69%	78%	↑
5 年	71%	81%	↑
6 年	—	1%	—
7 年	—	1%	—
9 年	—	1%	—
10 年	71%	78%	↑
14 年	—	1%	—
15 年	37%	37%	→
19 年	—	1%	—
20 年	49%	48%	↓
25 年	—	1%	—
29 年	2%	—	—
30 年	9%	8%	↓
其他	6%	—	—
没有明确	23%	15%	↓

（三）犹豫期

2021 年统计的终身寿险产品中，绝大多数产品犹豫期设置为 15 天，比例从 2020 年的 88% 上升至 91%。犹豫期整体呈延长趋势，统计结果见表 7。

表 7　终身寿险产品犹豫期天数统计

犹豫期	比例		变化趋势
	2020 年	2021 年	
10 天	2%	1%	↓
10 天（通过商业银行投保，犹豫期为 15 天）	3%	—	—
15 天	88%	91%	↑
20 天	6%	7%	↑
无	2%	1%	↓

（四）等待期

2021 年终身寿险产品的等待期统计结果见表 8。

表 8　终身寿险产品等待期统计表

等待期	比例		变化趋势
	2020 年	2021 年	
90 天	10%	21%	↑
180 天	13%	10%	↓
无	77%	69%	↓

2021 年统计的终身寿险产品中，无等待期的产品比例为 69%，与 2020 年相比有所下降；等待期为 90 天的产品比例大幅上升，增长了 11 个百分点。

四、利益责任

（一）保单贷款

保单贷款是指在合同有效期内，投保人可以书面形式向保险公司申请贷款，还款时需偿还本金和利息。2021 年统计的终身寿险产品中，所有产品均可以申请保单贷款，最高贷款金额多为申请时现金价值净额的80%，每次贷款最长期限为 6 个月（180 天）。

（二）年金转换权

年金转换权是指投保人可选择在约定时间申请将全部或部分现金价值作为一次性交清的保险费购买年金保险，为养老提供长期稳定保障。2021年统计的终身寿险产品中，约 23% 的产品提供年金转换权。其中，多数产品的此项责任有条件限制，如"60 周岁后"、"第 5 个保单周年日后"等。

五、价格水平

本报告计算统计了 2019—2021 年普通终身寿险和增额终身寿险 30 岁男性，交费期间分别为趸交、10 年交、20 年交的千元保额平均费率。价格水平统计结果见表 9 和表 10。

表 9　普通终身寿险价格水平（单位：元）

普通终寿	2019 年	2020 年	2021 年
趸交	218.71	208.42	234.30
10 年交	27.69	26.27	26.94
20 年交	16.09	15.17	15.87

表 10　增额终身寿险价格水平（单位：元，增额率 3.5%/ 年）

增额终寿	2019 年	2020 年	2021 年
趸交	1154.51	1116.69	1104.79
10 年交	133.71	128.51	126.07
20 年交	77.41	74.15	75.93

整体来看，终身寿险普通型价格水平在 2020 年呈下降趋势，而在 2021 年有小幅提升；终身寿险增额型价格水平在三年间总体呈持续下降趋势。

分报告三
2021年重大疾病保险产品数据统计

    《分报告三——2021年重大疾病保险产品数据统计》的分析数据均来自市场公开信息，如产品条款、产品费率等。本报告以下的统计分析结果基于372款报备年度为2021年的重大疾病保险产品。

一、保险责任

    重大疾病保险合同包括的主要保险责任有重症、中症、轻症、特定疾病、身故、全残、终末期疾病、保费豁免以及疾病其他责任等。重疾险产品主要保险责任统计结果详见表1。

表1　重疾险产品主要保险责任统计

保险责任	比例		变化趋势
	2020年	2021年	
重症	100%	100%	→
中症	68%	79%	↑

（续表）

保险责任	比例		变化趋势
	2020 年	2021 年	
轻症	92%	91%	↓
特定重疾	34%	46%	↑
身故（返保额）	79%	81%	↑
全残	35%	45%	↑
终末期疾病	22%	24%	↑
保费豁免	83%	83%	→
疾病其他责任	54%	56%	↑

由表 1 可知，2021 年统计的重疾险产品中，含中症责任和特定重疾责任的产品比例呈明显上升趋势，含轻症责任的产品比例较稳定。从身故责任看，超 80% 的产品身故责任设置为返保额的形式。在条款中单独设置终末期疾病责任的产品比例小幅上升，而含豁免责任的产品比例不变。此外，疾病其他责任比例上升，这项责任主要包含重疾"非标配"责任，如"恶性肿瘤二次给付"、"心脑血管二次给付"、"女性特定手术给付"、"体外膜肺氧合（ECMO）保险金"等责任，该项占比的上升可以体现出各家重疾产品责任一方面趋于多样化，另一方面不断寻求创新的趋势。

（一）重症

重症责任，即被保险人罹患合同中所列的重症疾病，得到重大疾病保险金赔付。重症具有危及生命和花费巨大两个特点，赔付额度一般为 100% 基本保额。

重症责任的病种数量、病种设置、赔付次数、赔付方式等均是产品设计以及消费者关注的重点。

1. 重症病种数量

2021 年统计的重疾险产品中，重症病种数量范围在 28—135 种，平均水平由 2020 年的 107 种增至 111 种。2021 年重症数量在 100 种以上的比例为 79%，2020 年该比例为 69%，可见 2021 年重疾险产品病种数量整体仍呈增多趋势。

2. 重症分组和赔付次数

2021 年统计的重疾险产品中，从重疾分组看，不分组的产品比例为 76%，这其中包含多数单次赔付重疾，但也有少数产品不分组赔付两次或 3 次；分组重疾产品中，以 5 组、6 组居多。从赔付次数看，单次赔付重疾产品比例为 76%[①]；多次赔付重疾中，以 6 次居多，但也有少数产品赔付不限次数。此外，多次赔付重疾中，重疾赔付时间间隔大多为 180 天和 365 天，比例分别为 51% 和 27%。

表 2 　重疾险产品重疾分组统计

重症分组	比例		变化趋势
	2020 年	2021 年	
2 组	1%	—	—
3 组	3%	2%	↓
4 组	1%	—	—
5 组	11%	10%	↓
6 组	23%	12%	↓
不分组	62%	76%	↑

---

① 注意：若"重疾二、三次给付责任"在产品中被设置为可选责任，则也被包含在 "单次赔付重疾产品"分类中。

表 3　重疾险产品重疾赔付次数统计

重症赔付次数	比例		变化趋势
	2020 年	2021 年	
1 次	56%	76%	↑
2 次	8%	5%	↓
3 次	10%	6%	↓
4 次	1%	——	——
5 次	9%	6%	↓
6 次	16%	7%	↓
其他	1%	——	——

3. 重症赔付方式

2021 年统计的重疾险产品的赔付方式较为分散化。约 42% 的产品重疾责任设置为"等待期内重疾，退还已交保费；意外或等待期后重疾，给付基本保额"。与 2020 年相比，这一占比有小幅上升。

重症责任设置较为复杂的产品，赔付额度会受到罹患重疾次数、保单年度、到达年龄、是否参加指定运动、重疾时间间隔等因素影响。重症责任的赔付额度可能与上述因素中的一个或多个挂钩，具体举例见表 4。

表 4　重症赔付方式举例

与罹患重疾次数相关	等待期内重疾，退还已交保费； 意外或等待期后重疾： 首次，给付基本保额； 第二次，给付 120% 基本保额； 第三次，给付 140% 基本保额； 第四次，给付 160% 基本保额； 第五次，给付 180% 基本保额； 第六次，给付 200% 基本保额

（续表）

附加一定条件的 额外赔付	等待期内重疾，退还已交保费； 意外或等待期后重疾，给付基本保额； 若被保险人在 41 周岁前投保且第 20 个保单周年日前重疾，额外给付 50% 基本保额
与保单年度相关	等待期内重疾，退还已交保费； 意外或等待期后重疾，给付基本保额 × 给付比例 给付比例：第 1 个保单年度至第 11 个保单年度分别为 100%、105%、110%、115%、120%、125%、130%、135%、140%、145%、150%，第 12 个保单年度及以后为 100%
与到达年龄相关	等待期内重疾，退还已交保费； 意外或等待期后： 25 周岁前重疾，给付两倍基本保额； 25 周岁及以后重疾，给付基本保额
与是否参加运动 相关 / 与患轻症等病史 相关	等待期内重疾，退还已交保费； 意外或等待期后重疾，给付基本保额 若被保险人在合同生效 24 个月内参加指定运动记录平台活动且在运动达标周期满足一定运动标准，运动达标周期届满次月 1 日起重疾保险金进行增额，增额上限为 10%： 达到运动标准一（每月至少有 25 天每天运动步数不少于 5000 步），增额 0.5%； 达到运动标准二（每月至少有 25 天每天运动步数不少于 1 万步），增额 1% 合同生效次日起所在自然月剩余天数不少于 15 天，该自然月运动达标天数需不少于 15 天；合同生效次日起所在自然月剩余天数少于 15 天，该自然月需每天运动达标 若被保险人在 70 周岁保单周年日前： 患 1 次轻症后重疾，额外给付 10% 基本保额； 患 2 次轻症后重疾，额外给付 20% 基本保额； 患 3 次轻症后重疾，额外给付 30% 基本保额； 患 4 次轻症后重疾，额外给付 40% 基本保额； 患 5 次轻症后重疾，额外给付 50% 基本保额； 患 6 次轻症后重疾，额外给付 60% 基本保额 若被保险人在 70 周岁保单周年日前，患中症后重疾，额外给付 20% 基本保额

（续表）

保额递增	等待期内重疾，退还已交保费； 意外或等待期后重疾，给付［（1+5%×保单年度数）］×基本保额
与重疾时间间隔相关	等待期内重疾，退还已交保费； 意外或等待期后重疾： 首次，给付已交保费、现金价值与基本保额三金取大； 105 周岁保单周年日前，第二次及后续各次，给付基本保额 × 给付比例 给付比例：本次重疾确诊距上次重疾确诊不满 1 年、1—2 年、2—3 年、3—4 年，4—5 年，满 5 年及以上分别为 0%、20%、40%、60%、80%、100%

（二）轻症

轻症责任，即被保险人罹患合同中所列的轻症疾病，得到轻症疾病保险金赔付。轻症责任的赔付额度一般为 20%—30% 基本保额。其定义相对宽松，更容易达到理赔要求，可以作为重症责任的有力补充。

1. 轻症病种数量

2021 年市场上的重疾险产品，轻症病种数量范围在 3—70 种，平均水平为 39 种，与 2020 年保持一致。2021 年轻症数量在 50 种之上的产品比例为 17%，2020 年该比例为 11%，整体来看，轻症病种数量整体仍呈增多趋势。

2. 轻症分组和赔付次数

2021 年统计的重疾险产品中，98% 包含轻症责任的产品不分组，96% 包含轻症责任的产品为多次赔付。其中 3 次给付最为常见，比例为 51%。还有部分产品轻症赔付次数与中症共享，多为 5 次或 6 次。此外，93% 的轻症多次赔付产品无时间间隔，少数产品规定赔付间隔为 90 天、180 天以及一年。

表 5　重疾险产品轻症分组统计

轻症分组	比例		变化趋势
	2020 年	2021 年	
5 组	3%	1%	↓
6 组	1%	1%	→
不分组	95%	98%	↑

表 6　重疾险产品轻症赔付次数统计

轻症赔付次数	比例		变化趋势
	2020 年	2021 年	
1 次	10%	4%	↓
2 次	2%	4%	↑
3 次	64%	51%	↓
4 次	11%	16%	↑
5 次	11%	14%	↑
6 次	2%	8%	↑
其他	1%	4%	↑

表 7　重疾险产品轻症赔付时间间隔统计

轻症赔付时间间隔	比例		变化趋势
	2020 年	2021 年	
90 天	6%	3%	↓
180 天	3%	2%	↓
无	90%	93%	↑
其他	1%	2%	↑

3. 轻症赔付方式

2021 年市场上的重疾险产品，大多数产品轻症责任设置较为简单，通常为"等待期内轻症，退还已交保费（或不承担轻症责任，合同继续有效）；意外或等待期后轻症，给付一定比例的基本保额"，给付比例通常为 20%—50%。此外，含等待期内轻症责任的产品中，所有的产品仅终止部分或全部轻症责任，不终止合同。

轻症责任设置较复杂的产品，赔付额度会受到罹患轻症次数、是否参加指定运动等因素影响。此外，极少数产品轻症责任设置年龄限制，且出现部分产品的轻症责任在一定年龄前保额翻倍，赔付额度等同于中症责任水平。

表 8 轻症赔付方式举例

与罹患轻症次数相关	等待期内轻症，不承担保险责任，该一种或多种轻症责任终止，其余轻症责任继续有效，合同继续有效； 意外或等待期后轻症： 首次，给付 30% 基本保额； 第二次，给付 38% 基本保额； 第三次，给付 48% 基本保额； 第四次，给付 57% 基本保额； 第五次，给付 66% 基本保额； 第六次，给付 75% 基本保额
附加一定条件的额外赔付	等待期内轻症，不承担保险责任，该一种或多种轻症责任终止，其余轻症责任继续有效，合同继续有效； 意外或等待期后轻症，首次至第四次，给付 30% 基本保额； 若被保险人在 60 周岁保单周年日前首次确诊轻症，额外给付 10% 基本保额

（续表）

与是否参加指定运动相关	等待期内轻症，不承担保险责任，轻症责任终止，合同继续有效； 意外或等待期后轻症，首次至第六次，给付 20% 基本保额； 若被保险人在 5 个保单年度内参加指定运动记录平台活动且在 80 周岁及以前轻症，达到运动标准（累计 1 个保单年度内至少有 240 天日步数达到 1 万步或日步数达到 7000 步且活动卡路里达到 450 千卡），额外给付轻症基础保险金 × 运动达标给付比例 运动达标给付比例： 第 1 个保单年度为 0%； 第 2 个至第 6 个保单年度，若上年度达标增加 5%； 第 7 个保单年度起不再变化，最高 25%
有最高保障年龄限制	等待期内轻症，退还已交保费； 意外或等待期后轻症，首次至第三次，给付 30% 基本保额，保障至 88 周岁
与到达年龄相关	等待期内轻症，退还已交保费； 意外或等待期后轻症，首次至第三次： 61 周岁保单周年日前，给付 45% 基本保额； 61 周岁保单周年日后，给付 30% 基本保额
保额递增	等待期内轻症，退还已交保费； 意外或等待期后轻症，首次至第二次，给付 30% 有效保额 有效保额：［1+5%×（保单年度数）］× 基本保额
轻症责任翻倍	等待期内轻症，退还已交保费； 意外或等待期后轻症，首次至第五次，给付 30% 基本保额； 若被保险人第 15 个保单周年日前轻症，额外给付 30% 基本保额，累计给付 5 次为限

（三）中症

中症责任，即被保险人罹患合同中所列的中症疾病，得到中症疾病保险金的赔付。中症的赔付标准介于重症和轻症之间，赔付额度一般为 50%—60% 基本保额。

1. 中症病种数量

2021 年统计的重疾险产品，中症病种数量范围在 10—58 种，平均水平由 2020 年的 15 种增长到 18 种。2021 年中症数量在 20 种之上的比例为 49%，2020 年该比例为 45%。

2. 中症分组和赔付次数

2021 年统计的重疾险产品，98% 包含中症责任的产品不分组，89% 包含中症责任的产品为多次赔付。其中两次给付最为常见，比例为 64%，但与 2020 年 80% 的占比相比仍有所下降。更多产品出现了中症给付 3—5 次，部分与轻症共享赔付次数。此外，95% 的中症多次赔付产品无时间间隔，少数产品规定赔付间隔为 90 天或 180 天。

表 9　重疾险产品中症分组统计

中症分组	比例		变化趋势
	2020 年	2021 年	
分组	2%	2%	→
不分组	98%	98%	→

表 10   重疾险产品中症赔付次数统计

中症赔付次数	比例		变化趋势
	2020 年	2021 年	
1 次	9%	11%	↑
2 次	80%	64%	↓
3 次	10%	16%	↑
4 次	—	1%	—
5 次	—	3%	—
5 次（与轻症共享）	—	2%	—
6 次（与轻症共享）	—	1%	—
其他	1%	2%	↑

表 11   重疾险产品中症赔付时间间隔统计

中症赔付时间间隔	比例		变化趋势
	2020 年	2021 年	
90 天	5%	2%	↓
180 天	2%	2%	→
365 天	—	1%	—
无	93%	95%	↑

3. 中症赔付方式

2021 年含中症责任的重疾产品比例较 2020 年进一步上升。大多数产品中症责任设置较为简单，一般为"等待期内中症，退还已交保费（或不承担中症责任，合同继续有效），意外或等待期后中症，给付一定比例的基本保额"，给付比例通常为 40%—70%，个别产品设置中症责任赔付可高达 75%。

表 12　中症赔付方式举例

与罹患中症次数相关	等待期内中症，退还已交保费； 意外或等待期后中症： 首次，给付 40% 基本保额； 第二次，给付 45% 基本保额； 第三次，给付 50% 基本保额
附加一定条件的额外赔付	等待期内中症，不承担保险责任，该一种或多种中症责任终止，其余中症责任继续有效，合同继续有效； 意外或等待期后中症，首次至第二次，给付 60% 基本保额； 若被保险人在 60 周岁保单周年日前首次确诊中症，额外给付 15% 基本保额
与是否参加指定运动相关	等待期内中症，不承担保险责任，中症责任终止，合同继续有效； 意外或等待期后中症，首次至第二次，给付 50% 基本保额； 若被保险人在 5 个保单年度内参加指定运动记录平台活动且在 80 周岁及以前中症，达到运动标准（累计 1 个保单年度内至少有 240 天日步数达到 1 万步或日步数达到 7000 步且活动卡路里达到 450 千卡），额外给付中症基础保险金 × 运动达标给付比例 运动达标给付比例： 第 1 个保单年度，0%； 第 2 个至第 6 个保单年度，若上年度达标增加 5%； 第 7 个保单年度起不再变化，最高 25%
有最高保障年龄限制	等待期内中症，退还已交保费； 意外或等待期后中症，给付 50% 基本保额，保障至 88 周岁

（四）特定疾病

特定疾病责任，即被保险人罹患合同中所列的特定疾病，得到特定疾病保险金的赔付。特定疾病的赔付一般在重症赔付的基础上额外一定比例的基本保额，相当于特定疾病可以获得更高额度的赔偿。2021 年统计的重疾险产品，特定疾病额外给付比例通常为 30%—100%，个别产品设置特定疾病责任额外赔付可高达 200%。

1. 特定疾病病种数量

2021 年统计的重疾险产品，特定疾病病种数量范围在 1—29 种。

2. 特定疾病病种类型

2021 年统计的重疾险产品中，特定疾病的病种类型包括但不限于成人特定疾病、男性特定疾病、女性特定疾病、老年特定疾病、少儿特定疾病、少儿罕见特定疾病、少儿遗传和先天病、高费用重疾、大湾区高发疾病等。

3. 特定疾病赔付方式

下表展示的是 2021 年统计的重疾险产品中具有代表性的特定疾病责任赔付方式。

表 13　特定疾病赔付方式举例

有保障年龄限制	18 周岁前投保，意外或等待期后且 18 周岁保单周年日前少儿特定重疾，额外给付基本保额
与罹患病种相关	意外或等待期后： 18 周岁保单周年日前少儿特定重疾，额外给付 30% 基本保额； 18 周岁保单周年日至 61 周岁保单周年日前男性 / 女性特定重疾，额外给付 30% 基本保额； 61 周岁保单周年日及以后老年特定重疾，额外给付 30% 基本保额

与是否参加 指定运动 相关	意外或等待期后，60 周岁及以前首次重疾为特定心脑血管重疾，额外给付 50% 基本保额； 若被保险人在 5 个保单年度内参加指定运动记录平台活动且在 60 周岁及以前特定心脑血管重疾，达到运动标准（累计 1 个保单年度内至少有 240 天日步数达到 1 万步或日步数达到 7000 步且活动卡路里达到 450 千卡），额外给付特定心脑血管重疾基础保险金 × 运动达标给付比例 运动达标给付比例： 第 1 个保单年度，0%； 第 2 个至第 6 个保单年度，若上年度达标增加 5%； 第 7 个保单年度起不再变化，最高 25%
与患轻症数 量及费用高 低相关	意外或等待期后： 少儿特定重疾，给付基本保额； 若被保险人在 70 周岁保单周年日前： 患 1 次轻症后少儿特定重疾，额外给付 10% 基本保额； 患 2 次轻症后少儿特定重疾，额外给付 20% 基本保额； 患 3 次轻症后少儿特定重疾，额外给付 30% 基本保额； 患 4 次轻症后少儿特定重疾，额外给付 40% 基本保额； 患 5 次轻症后少儿特定重疾，额外给付 50% 基本保额； 患 6 次轻症后少儿特定重疾，额外给付 60% 基本保额； 若被保险人在 70 周岁保单周年日前，患中症后少儿特定重疾，额外给付 20% 基本保额； 高费用特定重疾，额外给付 50% 基本保额

（五）身故和全残责任

身故（全残）责任，即被保险人身故（全残），得到身故（全残）保险金赔付。

2021 年统计的重疾险产品中，约 90% 的产品包含身故责任，其中身故返保额的重疾险比例为 81%。身故责任设置一般为"等待期内身故，退还已交保费；意外或等待期后身故：18 周岁前，退还已交保费；18 周岁后，给付基本保额"。

2021 年统计的重疾险产品中，约 45% 的产品包含全残责任。全残责任一般随身故责任出现，且绝大多数产品责任设置与身故责任相同。

（六）终末期疾病责任

终末期疾病责任，即被保险人的病情已经无法治疗或缓解，且将导致被保险人在未来 6 个月内死亡，被保险人因此得到终末期疾病保险金赔付。重疾险产品可以通过两种方式包含终末期疾病责任。一种为显性方式，保险责任中包括终末期疾病责任项，给付终末期疾病保险金；另一种为隐性方式，终末期疾病属于重大疾病的范畴，给付重大疾病保险金。对于显性包含终末期疾病责任项的产品，绝大部分的终末期疾病责任设置与身故责任相同。

在 2021 年，含终末期疾病责任（显性方式）的产品比例为 24%，含终末期疾病责任（隐性方式）的产品比例为 1%。

（七）保费豁免

保费豁免责任，即交费期内，投保人或被保险人若发生合同里规定的保险事故，保险公司将豁免投保人尚未缴纳的保险费，但保险合同依然有效。

以轻症豁免为例，当被保险人在交费期间发生合同中所列的轻症后，不用再交之后的保费。但保险合同依然有效，未来若发生合同里所列的重症或者其他保险事故，可以得到相应的赔偿。保险公司提供本项利益责任的成本相对较高。

重疾险的主要保费豁免责任包含：被保险人轻症豁免、被保险人中症豁免和被保险人重症豁免，大多直接体现在主险合同里。而投保人相关的豁免责任，如投保人轻症豁免、投保人全残豁免、投保人身故豁免、投保人中症豁免和投保人重症豁免，大多体现在单独的附加险中。表 14 为2021 年重疾险中主要豁免责任所占比例。

表 14　重疾险产品主要豁免责任出现比例

豁免责任	比例		变化趋势
	2020 年	2021 年	
被保险人轻症豁免	81%	77%	↓
被保险人中症豁免	63%	69%	↑
被保险人重症豁免	54%	49%	↓

（八）疾病其他责任

重疾险产品的责任愈加丰富与复杂，除本分报告上述责任，2021 年统计的重疾险产品还涉及如下责任：恶性肿瘤多次给付责任、特定心脑血管疾病相关责任、陪护金责任、独立生活能力丧失（或失能）责任、糖尿病并发症相关责任、重度抑郁责任、重大疾病医疗责任、意外骨折责任、人工肺特别关爱责任、自体心脏移植责任等。

表 15　疾病其他责任赔付方式举例

恶性肿瘤多次给付责任	首次确诊恶性肿瘤——重度 3 年后再次确诊恶性肿瘤——重度，给付 120% 基本保额； 前项恶性肿瘤——重度确诊 3 年后再次确诊恶性肿瘤——重度，给付 120% 基本保额 恶性肿瘤——重度状态：新发、复发、转移、扩散、持续存在
特定心脑血管疾病相关责任（如二三次急性心肌梗死 / 脑中风后遗症责任等）	首次确诊特定心脑血管疾病 3 年后再次确诊同一种特定心脑血管疾病且被保险人仍生存，给付基本保额； 第二次确诊特定心脑血管疾病 3 年后再次确诊同一种特定心脑血管疾病且被保险人仍生存，给付 160% 基本保额； 再次确诊的"严重脑中风后遗症"须由颅脑显影或影像学检查证实为新一次的中风 特定心脑血管疾病：较重急性心肌梗死、严重脑中风后遗症、冠状动脉搭桥术（或称冠状动脉旁路移植术）、心脏瓣膜手术、主动脉手术
陪护金责任	重大疾病陪护保险金： 25 周岁保单周年日前重疾，每月给付 2000 元，至多给付 10 个月，若 10 个月内身故，一次性给付剩余陪护金； 少儿特定重疾陪护保险金： 25 周岁保单周年日前少儿特定重疾，每月给付 2000 元，至多给付 10 个月，若 10 个月内身故，一次性给付剩余陪护金； 中症疾病陪护保险金： 25 周岁保单周年日前中症，每月给付 2000 元，至多给付 3 个月，若 3 个月内身故，一次性给付剩余陪护金； 轻症疾病陪护保险金： 25 周岁保单周年日前轻症，每月给付 2000 元，至多给付 3 个月，若 3 个月内身故，一次性给付剩余陪护金；轻症疾病陪护保险金累计给付 6 次为限

（续表）

独立生活能力丧失（或失能）责任	等待期内达到扩展性独立生活能力丧失，退还已交保费； 意外或等待期后首次达到扩展性独立生活能力丧失，给付已交保费、现金价值、基本保额 × 给付比例三金取大 给付比例：65 周岁保单周年日前、65 周岁保单周年日后分别为 150%、100%
糖尿病并发症相关责任	等待期内糖尿病特定并发疾病，退还已交保费； 意外或等待期后，75 周岁前糖尿病特定并发疾病，额外给付基本保额 糖尿病特定并发疾病：双目失明、失去一肢及一眼、多个肢体缺失、胰腺移植、因器官功能衰竭实施的肾脏异体移植
重度抑郁责任	等待期内首次重度抑郁，给付 2% 基本保额； 意外或等待期后首次重度抑郁，给付 10% 基本保额
重大疾病医疗责任	对重大疾病住院所产生的医疗费用、重大疾病特殊门诊医疗费用、门诊手术医疗费用、住院前后门急诊医疗费用给付重大疾病医疗保险金，累计赔付不超过有效保额 有效保额：[1+5%×（保单年度数）] × 基本保额 赔付比例：未获得任何医疗费用补偿为 100%，从其他途径获得补偿为 75%
意外骨折责任	因意外导致骨折的，给付 10% 基本保额 × 给付比例，累计给付 10% 基本保额为限
人工肺特别关爱责任	等待期内接受体外膜肺氧合（ECMO）治疗，本项保险责任终止； 意外或等待期后，在医院入住重症监护病房且使用人工肺并已接受体外膜肺氧合（ECMO），给付 50% 基本保额
自体心脏移植责任	意外或等待期后，且首次重疾确诊 1 年内接受心脏自体移植手术，给付基本保额

二、免责条款

　　重疾险的免责条款较为规范，2021 年统计的重疾险产品的免责数量在 5—10 条，平均免责数量为 9 条。重疾责任的免责条款通常是在身故责任免责条款的基础上增加先天性疾病和艾滋病。

表 16　重疾险产品常见面责任条款情况统计

	免责条款	比例		变化趋势
		2020 年	2021 年	
1	投保人对被保险人的故意杀害、故意伤害	100%	100%	→
2	被保险人故意犯罪或者抗拒依法采取的刑事强制措施	100%	100%	→
3	被保险人在本合同成立日或最后复效日（以较迟者为准）起两年内自杀，但被保险人自杀时为无民事行为能力人的除外	74%	94%	↑
4	被保险人主动服用、吸食、注射毒品	99%	100%	↑
5	被保险人酒后驾驶，无合法有效驾驶证驾驶，或驾驶无有效行驶证的机动车	98%	100%	↑
6	核爆炸、核辐射或核污染	96%	96%	→
7	战争、军事冲突、暴乱或武装叛乱	96%	96%	→
8	被保险人患先天性畸形、变形或染色体异常以及上述疾病的并发症	96%	100%	↑
9	被保险人患艾滋病（AIDS）或感染艾滋病病毒（HIV）及并发症	97%	100%	↑

三、普通条款

（一）投保年龄

2021 年统计的重疾险产品的投保年龄范围为 0—80 周岁，其中，最低投保年龄多为 0 周岁，最高投保年龄多为 60 周岁。

表 17　重疾险产品最低投保年龄统计

最低投保年龄	比例		变化趋势
	2020 年	2021 年	
0 周岁	84%	84%	→
18 周岁	4%	8%	↑
没有明确	12%	6%	↓

表 18　重疾险产品最高投保年龄统计

最高投保年龄	比例		变化趋势
	2020 年	2021 年	
17 周岁	9%	18%	↑
50 周岁	8%	6%	↓
55 周岁	16%	16%	→
60 周岁	29%	33%	↑
65 周岁	18%	14%	↓
没有明确	12%	6%	↓
其他	8%	7%	↓

（二）保险期间

重疾险产品可分为消费型、终身型、定期型三大类。消费型重大疾病保险的保险期间为 1 年。终身型重大疾病保险在人生任何时段发生保单规定的责任都可以赔偿。定期型重大疾病保险的保险期间比较多样化，一般分为两种：固定保障年份和固定保障年龄。2021 年统计的重疾险产品以终身型居多，比例为 77%，与 2020 年持平。

重疾定期型产品的固定保障年份以 10 年、20 年和 30 年为主，固定保障年龄以至 60 周岁、70 周岁、80 周岁为主。从较 2020 年变化趋势来看，2021 年重疾定期型除至 80 周岁外，其他期间产品占比均有所提高。

表 19　重疾险产品保险期间统计

重疾保险期间	比例		变化趋势
	2020 年	2021 年	
终身	77%	77%	→
定期—固定年份	13%	11%	↓
定期—固定年龄	10%	10%	→

表 20　定期型重疾险产品保险期间统计

重疾保险期间	比例		变化趋势
	2020 年	2021 年	
10 年	11%	13%	↑
20 年	12%	21%	↑
30 年	22%	32%	↑
至 60 周岁	8%	12%	↑
至 70 周岁	57%	62%	↑
至 80 周岁	35%	16%	↓

（三）交费方式

重疾险的交费方式一般分为三种：趸交、年交和交至固定年龄。2021年统计的重疾险产品中，45% 的产品提供趸交的方式，79% 的产品提供年交方式，2% 的产品提供交至固定年龄的方式。其中，年交方式中最为常见的设置为 5 年、10 年和 20 年。

（四）犹豫期

2021 年统计的重疾险产品犹豫期设置如下：

表 21　重疾险产品犹豫期统计

犹豫期	比例		变化趋势
	2020 年	2021 年	
15 天	94%	96%	↑
16 天	1%	—	—
20 天	5%	4%	↓

（五）等待期

2021 年统计的重疾险产品，等待期设置多为 90 天或 180 天，比例分别为 74% 和 25%。

表 22　重疾险产品等待期统计

等待期	比例		变化趋势
	2020 年	2021 年	
90 天	70%	74%	↑
180 天	29%	25%	↓
没有明确	1%	—	—

四、产品比较分析

重疾险作为一类健康保险，与寿险相比责任设置较为复杂，因此在产品对比中不能简单地依靠价格来体现产品真实的性价比。

本节抽取 3 款报备于 2021 年的终身型重大疾病保险，并对其费率及评级情况进行详细说明。以 30 岁男性、交费期 20 年为例，产品对比结果见表 23。

表 23　终身型重疾险产品对比

产品	千元保额费率	价格评级	综合评级	责任名称	责任内容
产品A	28.9	★★★	★★★	身故或全残责任终末期疾病责任	等待期后，18 周岁前，给付已交保费与现金价值两金取大；18 周岁后，给付已交保费、现金价值与基本保额三金取大
				重疾责任	110 种 /1 次 /已交保费、现金价值与基本保额三金取大
				中症责任	20 种 /2 次 /40% 基本保额
				轻症责任	35 种 /3 次 /30% 基本保额
				豁免责任	中症、轻症豁免
产品B	22.3	★★★★★	★★★	身故或全残责任	等待期后，18 周岁前给付已交保费；18 周岁后给付基本保额
				重疾责任	110 种 /1 次 / 基本保额
				中症责任	25 种 /2 次 /60% 基本保额
				轻症责任	55 种 /4 次 /30% 基本保额
				特定重疾责任	60 周岁后初次确诊"严重阿尔茨海默病"或"严重原发性帕金森病"，额外给付 60% 基本保额
				恶性肿瘤扩展责任（可选）	二次确诊恶性肿瘤——重度给付 150% 基本保额
				豁免责任	重症、中症、轻症豁免

（续表）

产品	千元保额费率	价格评级	综合评级	责任名称	责任内容
产品C	23.5	★★★★	★★★★	身故或全残责任	等待期后，18 周岁前，给付已交保费与现金价值两金取大；18 周岁后，给付已交保费、现金价值与基本保额三金取大
				重疾责任	110 种 /1 次 / 已交保费、现金价值与基本保额三金取大
				中症责任	25 种 /2 次 /60% 基本保额
				轻症责任	50 种 /3 次 /30% 基本保额
				重大疾病责任复原保险金	60 周岁前，首次确诊重疾后再次确诊其他重疾，给付基本保额 × 给付比例 给付比例：第二次重疾确诊日距首次确诊日 1—2 年、2—3 年、3—4 年、4—5 年、满 5 年，分别为 20%、40%、60%、80%、100%
				重度恶性肿瘤额外保险金（可选）	二次确诊恶性肿瘤——重度给付基本保额
				豁免责任	重症、中症、轻症豁免

由表 23 可知，三款重疾险产品保障责任差异较大。单从价格方面来看，产品 B 为某中小型公司的互联网产品，其责任保障全面且价格最低，因此价格评级达到 5 星。与之形成对比的产品 A，为某大型公司产品，保障责任相对简单，但价格在三者中最高，价格评级只有 3 星。产品 B 与产品 C 价格较相近，保障责任都很全面，很难直接判断性价比情况。而通过我们精算建模得到的综合评级，产品 C 的总体性价比更优于产品 B，这不仅考虑到产品的责任是否与价格对等，同时还综合考虑了公司的管理水平、服务水平、风控水平等方面的结果，体现了产品的综合水平。

分报告四
2021年年金保险产品数据统计

《分报告四——2021年年金保险产品数据统计》的分析数据均来自市场公开信息，如产品条款、产品费率等。本分报告以下的统计分析结果基于127款报备年度为2021年的年金保险产品。

年金保险产品根据是否针对老龄群体提供保障，可分为普通年金和养老年金。2021年统计的年金保险产品中，养老年金的占比为46%。

一、保险责任

年金保险的责任设置通常以生存给付为主，身故（或全残）赔偿为辅。

（一）身故责任

普通年金和养老年金在身故（或全残）责任中的给付设置有所不同。普通年金方面，身故给付以"已交保费与现金价值两金取大"为主，2021年该项占比与2020年持平；但次要给付方式的占比发生较大变化：2021

年身故给付按照"年金领取日前后进行责任划分"的比例显著上升；同时，"退还已交保费"占比有所减少。养老年金方面，2021 年身故责任仍遵循 2020 年的变化趋势，"已交保费与现金价值两金取大"的身故给付方式占比下降，而更加适配养老金的现金流设置的"年金领取日前后进行责任划分"持续上升，此外 2021 年养老年金的身故责任新增"退还已交保费"的设置。具体见表 1。

表 1　年金保险身故责任主要给付方式统计

产品类型	身故责任给付内容	比例		变化趋势
		2020 年	2021 年	
普通年金	已交保费和现金价值两金取大	79%	79%	→
	年金领取日前后进行责任划分	8%	19%	↑
	退还已交保费	10%	2%	↓
	其他	2%	—	—
养老年金	已交保费和现金价值两金取大	31%	18%	↓
	年金领取日前后进行责任划分	69%	80%	↑
	退还已交保费	—	2%	—

（二）年金责任

1. 普通年金责任

在保险条款中，通常以"生存年金"、"生存保险金"和"年金"三种名称出现。该项责任一般从某个保单周年日或特定年龄起，给付被保险人一定数额的生存保险金，给付期限包含定期和终身给付，起到平滑各个年龄段收入，规避经济波动风险，保全资产的作用。

2. 养老金责任

在保险条款中，此类责任项除了被称为"养老金"外，还可能被命名为"关爱金"、"呵护金"和"祝福金"等。该项责任应在高龄（退休年龄或 60 周岁附近）开始集中持续给付，其能够在被保险人处于低收入或无收入状态时为被保险人提供生活保障。

3. 教育金责任

在保险条款中，通常以"教育金"、"深造金"和"成长金"等与教育相关的名称出现。作为教育金产品，该项责任在设置时应仅在 14—28 周岁的教育年龄段集中给付。由于年金保险具有强制储蓄的功能，被打上"教育"标签的年金能有效做到专款专用，避免其他消费侵占教育资金，防范风险，给成长阶段的青少年提供资金保障。

4. 特定生存年金责任

该项责任仅在某一约定的保单周年日或被保险人约定年龄给付一定数额的年金。在条款中有时表现为"学业有成金"、"祝寿金"和"特别关爱金"等。

5. 满期金责任

被保险人生存至合同期满时的单次给付责任。需要注意的是，如果满期金的金额设置过高，会直接稀释教育金和养老金这类核心年金责任领取期的领取金额。

表 2　年金保险责任统计

保险责任	比例		变化趋势
	2020 年	2021 年	
普通年金	66%	52%	↓
教育金	3%	6%	↑
养老金	36%	47%	↑
特定生存年金	34%	25%	↓
满期金	34%	36%	↑

由表 2 可知，与 2020 年相比，2021 年年金产品养老金责任占比持续上升，普通年金与特定生存年金占比持续下降，而教育金与满期金责任则有小幅上涨。整体而言，在我国老龄化程度加深、"80 / 90 后"养老焦虑日渐凸显的背景下，越来越多的保险公司积极布局养老产业。2021 年 10 月 8 日，银保监会发布《关于进一步丰富人身保险产品供给的指导意见》，指出服务养老保险体系建设，"提供收益形式更加多样的养老年金保险产品，丰富养老资金长期管理方式"。未来预计更多创新型养老年金产品将相继面世。

二、免责条款

年金保险通常仅针对身故（或全残）保障责任设置免责条款，由于其杠杆率较低，免责条款的具体内容和数量一般不会影响消费者的选择。

表3 年金保险身故免除责任比例统计

身故免责条款数量	比例		变化趋势
	2020 年	2021 年	
2 条	4%	—	—
3 条	16%	24%	↑
4 条	5%	2%	↓
5 条	10%	6%	↓
6 条	3%	—	—
7 条	61%	63%	↑
8 条	1%	2%	↑
9 条	—	2%	—
10 条	1%	—	—

由表3可知，7条免责占2021年产品的63%，仍为各产品主要配置。相比于2020年，2021年的年金产品中，3条免责的产品占比进一步上升，4—5条免责的占比小幅下降。

2021年统计的年金保险产品常见的8条免责条款出现的比例及其变化趋势如表4所示，整体比例保持稳定。

表4 年金保险免除责任条款统计

	免责条款	比例		变化趋势
		2020 年	2021 年	
1	投保人对被保险人的故意杀害、故意伤害	100%	100%	→
2	被保险人故意犯罪或者抗拒依法采取的刑事强制措施	100%	100%	→
3	被保险人在本合同成立日或最后复效日（以较迟者为准）起两年内自杀，但被保险人自杀时为无民事行为能力人的除外	97%	98%	↑

（续表）

	免责条款	比例		变化趋势
		2020 年	2021 年	
4	被保险人主动服用、吸食、注射毒品	78%	75%	↓
5	被保险人酒后驾驶，无合法有效驾驶证驾驶，或驾驶无有效行驶证的机动车	78%	72%	↓
6	核爆炸、核辐射或核污染	67%	67%	→
7	战争、军事冲突、暴乱或武装叛乱	67%	67%	→
8	被保险人未遵医嘱，私自服用、涂用、注射药物	3%	3%	→

三、普通条款

（一）投保年龄

2021 年统计的年金保险产品中最小投保年龄为 0 周岁，最高投保年龄为 85 周岁。2021 年，养老年金的投保年龄区间基本保持稳定：最低投保年龄除 2020 年的 0 周岁与 55 周岁外还出现了其他年龄，但占比均不高，绝大部分产品仍为 0 周岁，且比例小幅上升。最高投保年龄整体变化不大，还是主要集中在 51—70 周岁。具体见表 5 和表 6。

表 5　养老年金最低投保年龄统计

最低投保年龄	比例		变化趋势
	2020 年	2021 年	
0 周岁	83%	89%	↑
51 周岁	—	2%	—
52 周岁	—	2%	—
55 周岁	4%	3%	↓

（续表）

最低投保年龄	比例		变化趋势
	2020 年	2021 年	
60 周岁	—	2%	—
没有明确	13%	2%	↓

表 6　养老年金最高投保年龄统计

最低投保年龄	比例		变化趋势
	2020 年	2021 年	
50 周岁及以下	2%	5%	↑
51—60 周岁	38%	43%	↑
61—70 周岁	38%	35%	↓
71—80 周岁	11%	11%	→
81 周岁及以上	—	3%	—
没有明确	13%	3%	↓

（二）交费方式

年金交费方式较为灵活，投保人既可以选择一次性缴清，也可以选择按年缴款。

由于年金产品交费方式繁多，表 7 仅列出占比较高的主要交费方式。在交固定年限的交费方式中，除 20 年交的占比小幅下降外，其余主要交费方式占比均有一定程度的上升；其中在 2020 年新出现的 25 年交和 30 年交这类长期期交方式比例也进一步增大。此外，个别产品还设置了 6 年交、7 年交及交至 12 周岁等不常见的交费方式（因比例较低故未在表 7 中列出）。

表 7　年金保险主要交费期间统计

交费方式	比例		变化趋势
	2020 年	2021 年	
趸交	51%	54%	↑
3 年	55%	62%	↑
5 年	60%	65%	↑
10 年	49%	57%	↑
15 年	18%	27%	↑
20 年	30%	26%	↓
25 年	3%	5%	↑
30 年	3%	9%	↑

（三）年金领取

普通年金责任首次领取的时间通常是持有保单后的某个周年日，2021 年统计的年金保险产品普遍设置为第 5 个保单周年日，此外第 6、第 7、第 10 个保单周年日也较为常见。

教育金责任和养老金责任则以特定年龄为界。教育金责任的首次领取时间均为 18 周岁或 15 周岁，养老金责任则分为即期领取和延期领取。即期领取的首次领取时间一般为犹豫期满后次日，延期领取则根据性别为被保险人提供多种选择，男性可选 60/65/70/75 周岁等，女性可选 55/60/65/70/75 周岁等。此外，2021 年的部分产品在养老金责任中还会设置保证领取区间，最常见的是"保证领取 20 年"。

投保人在购买养老年金时，除了要选择首次领取年龄外，还需约定年金给付方式。给付方式一般有年领和月领两种，提供月领的养老年金产品比例为 88%，按月领取的金额常设置为年领取额度的 1/11.86、8.4% 或 8.5%。

（四）保险期间

年金保险的期间设置有三种：固定年限、固定年龄和终身，其中至 100 周岁及以上年龄的保险期间被统计在终身范畴内。

表 8　年金保险产品保险期间统计

保险期间	比例		变化趋势
	2020 年	2021 年	
终身	52%	57%	↑
定期—固定年份	41%	51%	↑
定期—固定年龄	3%	14%	↑

由表 8 可知，相较于 2020 年，2021 年的年金产品的三类保险期间均有一定程度的上涨，且多数产品都提供了多种保险期间的选择。

在这三类保险期间中，固定年限的占比涨幅最大。其中最常见的保险期间仍为 10/15/20 年，比例分别为 11%、17%、13%；但不同于之前往往以 5 年为跨度，2021 年固定年限的保险期间中新出现了如 "11 年、12 年" 这样以一年为跨度的比较零散的保险期间，且主要集中在 10—20 年，这也是固定年限占比增加的主要原因。

相较 2020 年，2021 年保至终身的产品占比仅有小幅增加，基本保持稳定；保至固定年龄占比的具体增长百分比虽低于固定年限，但同比增长率却更为显著，且主要集中在保至高年龄段的部分，整体呈现保障期间延长的趋势。

（五）犹豫期

相较 2020 年，2021 年统计的年金保险产品犹豫期比例没有明显变化，呈现稳定态势。

表 9　年金保险犹豫期统计

犹豫期	比例		变化趋势
	2020 年	2021 年	
10 天（通过商业银行投保，犹豫期为 15 天）	3%	2%	↓
10 天	1%	1%	→
15 天	92%	92%	→
20 天	5%	6%	↑

（六）保单贷款

2021 年统计的年金保险产品中，94% 的产品均可以申请保单贷款，最高贷款金额多为申请时现金价值净额的 80%，每次贷款最长期限一般为 6 个月（180 天）。

分报告五
2021年万能保险产品数据统计

　　《分报告五——2021年万能保险产品数据统计》的分析数据均来自市场公开信息，如产品条款、产品费率等。本分报告以下的统计分析结果基于39款报备年度为2021年的万能保险产品。

一、万能保险产品特有条款

（一）初始费用

　　初始费用即保险费进入万能账户之前扣除的费用，初始费用的扣取比例依交费方式而定。市场上万能保险产品的交费方式以趸交、追加、转入和期交为主。一般而言，消费者在投保时需要选择趸交或者期交的交费方式，并在后期可以选择追加、转入的交费方式。

　　由表1可知，2021年统计的万能保险产品交费方式整体与2020年一致，无明显变化。提供趸交和转入方式的产品比例提高，分别为92%和74%。提供追加方式的产品占比为100%，比例维持不变。提供期交方式的产品比例相对较低，仅为 8%。万能保险交费方式统计结果详见表 1。

表 1　万能保险交费方式统计

交费方式	比例		变化趋势
	2020 年	2021 年	
趸交	90%	92%	↑
追加	100%	100%	→
转入	59%	74%	↑
期交	11%	8%	↓

1. 趸交

趸交即一次性交清保费，其初始费用多以一个固定比例扣取。2021 年统计的万能保险产品中，39% 的产品扣费比例为 1%，22% 的产品扣费比例为 2%，33% 的产品扣费比例为 3%。同时，有 3% 的产品扣费比例较小，为 0.1%。万能保险趸交保费扣费比例统计结果详见表 2。

表 2　万能保险趸交保费扣费比例统计

趸交保费扣费比例	比例		变化趋势
	2020 年	2021 年	
0.1%	—	3%	—
1%	38%	39%	↑
2%	22%	22%	→
3%	30%	33%	↑
5 万以下 5%，5 万以上 3%	6%	—	
其他	5%	3%	↓

2. 追加

追加保费是相对灵活的交费方式，投保人在保单中选择了变额交费方式后，可在保单年度内随时交纳任意金额的保险费进入投资账户进行投资。

在 2021 年交费方式包含趸交和追加的万能险产品中，97% 的产品趸交保费和追加保费扣费比例一致。由表 3 可知，2021 年统计的万能保险产品追加保费扣费比例情况整体与 2020 年一致，无明显变化。少数产品会设置不同初始扣费比例，如："定期追加保险费，扣费比例为 1%；不定期追加保险费，扣费比例为 3%"。万能保险追加保费扣费比例统计结果详见表 3。

表 3　万能保险追加保费扣费比例统计

追加保费扣费比例	比例		变化趋势
	2020 年	2021 年	
1%	37%	33%	↓
2%	15%	15%	→
2%/2%/2%/1%×n	1%	——	
3%	34%	38%	↑
定期追加 1%；不定期追加 3%	——	8%	
约定保险金、红利 1%；其他资金 3%	4%	——	
约定追加 1%；自主追加 3%	4%	——	
其他	5%	6%	↑

3. 转入

转入保费是指从本产品或其他产品的保险金给付转入万能险账户。比如年金保险（万能型）产品，待领取的年金就可以选择转入万能险账户。转入保费的初始费用均以一个固定比例扣取。2021 年统计的 29 款包含转入交费方式的产品中，79% 的产品扣费比例为 1%，10% 的产品扣费比例为 0.5%。万能保险转入保费扣费比例统计结果详见表 4。

表 4　转入保费扣费比例统计

转入保费扣费比例	比例		变化趋势
	2020 年	2021 年	
0.1%	—	3%	—
0.5%	7%	10%	↑
1%	88%	79%	↓
2%	5%	3%	↓
3%	—	3%	—

4. 期交

期交保费是指定期缴纳保险费用。由于万能险保费交费方式灵活，所有产品均可追加保费，多数产品可趸交保费，期交保费也可以通过趸交和追加保费组合交费的方式实现，加之期交保费一般前几期扣费比例较高，故仅有少数产品在条款中包含了期交保费的交费方式。2021 年统计的万能保险产品中仅有 3 款产品在条款中包含了期交保费的交费方式，其具体扣费比例情况详见表 5。

表 5　万能保险趸交、期交及追加保费的扣费比例对比统计

产品	期交保费扣费比例	追加保费扣费比例	趸交保费扣费比例
产品 A	6000 以下：50%/25%/15%/10%/5%/2% × n 6000 以上：3%/3%/3%/3%/3%/2% × n	3%	无趸交交费方式

（续表）

产品	期交保费扣费比例	追加保费扣费比例	趸交保费扣费比例
产品 B	10000 以下： 50%/25%/15%/5%×n 10000 以上： 3%×n	3%	无趸交交费方式
产品 C	5%	3%	无趸交交费方式

总体来看，3 款产品的期交保费扣费比例均大于等于追加交费方式，并无明显优势。

（二）退保费用

退保费用即保单退保时保险公司收取的费用。万能险的退保费用为其账户价值乘以约定比例。一般而言，保险公司会设置退保费用收取年限，超过年限时退保不收取费用。同时，在年限内退保或部分领取，费率逐年递减。2021 年统计的万能保险退保费收取年限均为 5 年，相较于 2020 年，退保费用率为"3%/2%/1%/1%/1%"的产品比例提升，而扣费比例为"5%/4%/3%/2%/1%"的产品比例明显下降。总体来看，万能保险退保费用率呈下降趋势。具体扣费比例统计结果详见表 6。

表 6　万能保险退保费用扣费比例统计

退保费用扣费比例	比例		变化趋势
	2020 年	2021 年	
3%/1%/1%/1%/1%	—	5%	↑
3%/2%/1%/1%/1%	30%	32%	↑
5%/3%/1%/1%/1%	—	5%	↑

（续表）

退保费用扣费比例	比例		变化趋势
	2020 年	2021 年	
5%/4%/3%/2%/1%	59%	47%	↓
其他	9%	12%	↑

（三）部分领取费用

部分领取费用类似退保费用，即保单部分领取时保险公司收取的费用。万能险的部分领取费用为部分领取部分对应的保单账户价值乘以约定比例。2021 年统计的大多数万能保险产品的部分领取费用的收取比例和退保费用的收取比例相同，仅有一款产品比例不同：部分领取费用扣费比例为 0.3%/0.2%/0.1%/0.1%/0.1%，而退保费用比例为 3%/2%/1%/1%/1%。

（四）保单管理费

保单管理费，即为维护保险合同保险公司向投保人或被保险人收取的管理费用。《中国保监会关于万能型人身保险费率政策改革有关事项的通知》明确规定："保单管理费应当是一个不受保单账户价值变动影响的固定金额，在保单首年度与续年度可以不同；保险公司不得以保单账户价值一定比例的形式收取保单管理费。"当前市场上绝大数万能保险产品已不收取保单管理费，但部分产品会保留未来收取或调整保单管理费的权利。2021 年统计的万能保险产品中，仅有一款产品在产品条款中明确表示收取保单管理费，收取标准为"每月结算日收取上个月的保单管理费 10 元，该费用从个人账户中扣除"。

（五）奖励金

为鼓励万能保险购买者长期持有保单，或鼓励期交保费的购买者持续交费，部分保险公司会在持有保单某个年度后按期或一次性给付已交保费、期交保费或账户价值的一定比例作为奖励金。本报告从奖励起始时间、奖励基础和奖励方式三个角度来分析万能保险奖励金设置。

2021 年统计的万能保险产品中，79% 的产品在条款中明确奖励金的领取方式。由表 7 可知，奖励起始时间在第 5 个保单周年日的产品比例基本不变，在第 6 个保单周年日的产品比例增加。整体来看，奖励起始时间呈延后的趋势。

表 7　万能保险奖励金起始时间及比例分布表

奖励起始时间	比例		变化趋势
	2020 年	2021 年	
保险期满日	3%	——	——
第 1 个保单周年日	2%	——	——
第 4 个保单周年日	——	3%	——
第 5 个保单周年日	65%	65%	→
第 6 个保单周年日	29%	32%	↑
缴纳最后一期期交保费后	2%	——	——

奖励基础大多为已交保费，具体分为已交保费、累计转入保费、累计追加保费等情况。奖励方式多为奖励基础乘以一个比例，绝大多数为 1%，每年奖励一次。其余产品奖励方式类似，只是在给付基础、给付比例或给付频率方面稍有所不同。

（六）保证利率

保证利率即账户价值最低结算利率。2021 年统计的万能保险产品平均保证利率为 2.44%，且保证利率为 2.5% 的产品比例由 54% 上升至 62%，保证利率为 3% 的产品比例由 32% 下降至 13%。可见，保证利率整体呈减少趋势。万能保险保证利率的统计结果见表 8。

表 8　万能保险保证利率统计

保证利率	比例		变化趋势
	2020 年	2021 年	
0.5%	—	3%	—
1.75%	6%	3%	↓
2%	7%	13%	↑
2.25%	—	3%	—
2.5%	54%	62%	↑
2.85%	—	5%	—
3%	32%	13%	↓
其他	1%	—	—

二、万能保险产品结算利率分析

《中国保监会关于万能型人身保险费率政策改革有关事项的通知》规定，保险公司应当根据万能单独账户资产的实际投资状况确定结算利率。结算利率不得低于最低保证利率。本报告调查了 60 家保险公司下设的 1385 个万能险账户。从统计结果来看，2021 年万能险产品结算利率均值为4.14%，标准差平均为0.7671%。2021年万能险产品平均收益率分布情况见表9。

表9　万能保险产品年收益率均值分布

收益率均值分布（R）	比例		变化趋势
	2020年	2021年	
5.5% ≤ R<6.0%	1.75%	—	—
5.0% ≤ R<5.5%	15.68%	1.88%	↓
4.5% ≤ R<5.0%	31.70%	44.33%	↑
4.0% ≤ R<4.5%	20.26%	18.84%	↓
3.5% ≤ R<4.0%	16.22%	19.06%	↑
3.0% ≤ R<3.5%	1.68%	8.30%	↑
2.5% ≤ R<3.0%	12.45%	7.29%	↓
2.0% ≤ R<2.5%	0.13%	0.07%	↓
0.5% ≤ R<1.0%	0.07%	0.14%	↑
0<R<0.5%	0.07%	0.07%	→

由表9可知，2021年万能险收益率高收益率的万能账户比例严重减少，多数处于中高收益（4.5%—5%）水平，整体呈下调趋势，这主要由宏观经济增速放缓所致。此外，监管部门对万能险业务坚持严格的风险控制原则，要求保险公司加强账户管理，避免利差损等风险隐患。

图1展示了万能险产品2021年收益率均值具体分布情况，可以看到万能险收益率主要集中在3.5%—5.0%区间内，其中4.5%—5.0%占比最高，且与2020年相比有所增加。结合图2可知，2021年各万能险产品收益率分布较为密集，同一万能险产品不同月份间的收益率基本稳健，变动幅度较小，多数产品的月度收益率维持不变。

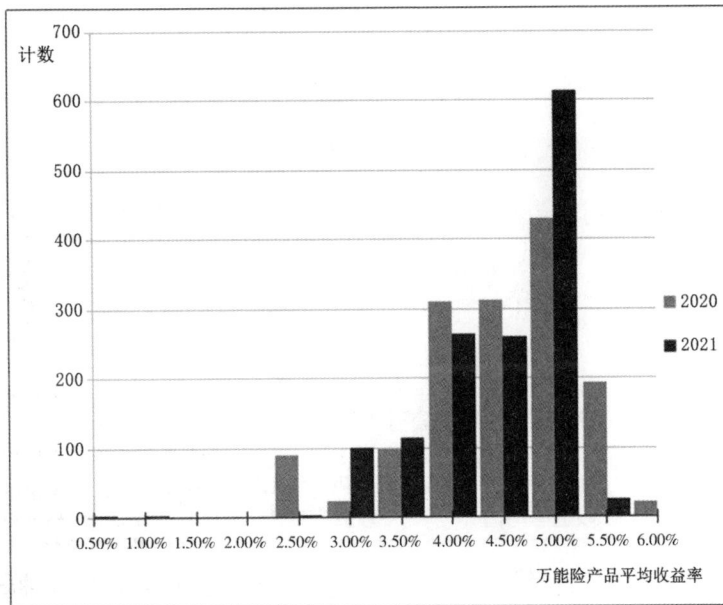

图 1　万能保险产品年收益率均值分布对比

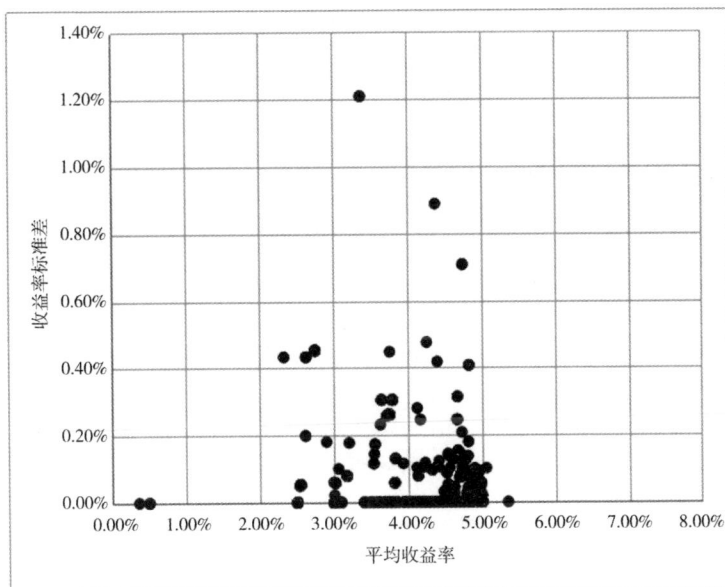

图 2　万能保险产品 2021 年收益率均值与标准差散点图

表 10 以各保险公司万能险账户近一年年化结算利率均值为排序标准，展示了前 15 名保险公司不同时段的结算利率情况。由 15 家公司的万能险产品结算利率可以看出，多家公司均存在"全时间历史收益率"大于前三列近期产品收益率的情况，这表明相较于往年，近一年产品收益率呈显著走低趋势。结合收益率方差分析，同一公司内部各万能险产品收益率差异较小。

表 10　万能保险所属公司产品收益率均值（年化）排名

名次	公司名称	2021.10—2021.12 收益率均值	2021.07—2021.12 收益率均值	2021 年 收益率均值	2021 年 收益率方差
1	公司 A	4.90%	4.93%	4.96%	0.0494%
2	公司 B	4.90%	4.90%	4.90%	0
3	公司 C	4.85%	4.85%	4.89%	0.0515%
4	公司 D	4.88%	4.88%	4.88%	0
5	公司 E	4.83%	4.83%	4.83%	0
6	公司 F	4.82%	4.82%	4.82%	0
7	公司 G	4.80%	4.80%	4.80%	0
8	公司 H	4.79%	4.79%	4.79%	0
9	公司 I	4.77%	4.77%	4.77%	0
10	公司 J	4.75%	4.75%	4.75%	0
11	公司 K	4.68%	4.69%	4.73%	0.0701%
12	公司 L	4.77%	4.70%	4.72%	0.0618%
13	公司 M	4.70%	4.70%	4.70%	0
14	公司 N	4.70%	4.70%	4.70%	0
15	公司 O	4.67%	4.67%	4.68%	0.0218%

表 11 展示了不同规模公司下设万能险产品收益率均值。通过数据分析，排名靠前（即万能险产品平均收益率较高）的保险公司中，小型公司所占比例更高；而排名靠后（即万能险产品平均收益率较低）的保险公司中，中型或大型公司所占比例较高。小型保险公司面对的市场竞争更激烈，投资行为相较更为激进，账户收益率更高；而规模较大的保司偏好相对稳健的投资行为，账户收益率普遍较低。

表 11　三类公司万能保险产品收益率均值 [①]

公司类型	2021.10—2021.12 收益率均值	2021.07—2021.12 收益率均值	2021 年 收益率均值	2021 年 收益率方差
大型公司	4.24%	4.23%	4.24%	0.0307%
中型公司	4.39%	4.40%	4.42%	0.0451%
小型公司	4.26%	4.27%	4.28%	0.0357%

总体来看，虽然万能险初始扣费等其他手续费相对较多，但万能险产品收益较高且相对稳健，各产品均设有保证利率，总体风险可控。

---

① 本表根据公司资产规模对保险公司进行分类。

分报告六
2021 年中端医疗保险产品数据统计

《分报告六——2021 年中端医疗保险产品数据统计》的分析数据均来自市场公开信息，如产品条款、产品费率等。本分报告以下的统计分析结果基于 197 款 2021 年报备的中端医疗保险产品。

一、保险责任

中端医疗保险合同的主要责任为"一般医疗保险责任"，包括住院医疗费用、特殊门诊医疗费用、住院前后门急诊费用等。部分产品在此基础上补充"重大疾病医疗保险责任"或"恶性肿瘤医疗保险责任"，由于重大疾病（恶性肿瘤）所需的医疗费用远高于一般疾病，增加这两种责任可以更好地填补一般医疗保险金的缺口，使保障更加全面。表 1 为中端医疗险产品主要保险责任的统计结果。

表 1 中端医疗险产品主要保险责任统计

保险责任		比例		变化趋势
		2020 年	2021 年	
一般医疗保险责任	住院医疗费用	100%	100%	→
	特殊门诊医疗费用	92%	97%	↑
	住院前后门急诊费用	87%	94%	↑
重大疾病医疗保险责任		63%	72%	↑
恶性肿瘤医疗保险责任		25%	19%	↓
其他医疗保险责任	特定疾病及手术医疗保险责任	8%	9%	↑
	质子重离子医疗保险责任	55%	59%	↑
	恶性肿瘤特定药品费用医疗保险责任	11%	17%	↑

从上表可以看到，中端医疗险产品的责任设置均在一般医疗保险责任的住院医疗费用基础上进行扩展，一般医疗保险责任中的特殊门诊医疗费用和住院前后门急诊费用占比也在逐年增加。重大疾病医疗保险责任和质子重离子医疗保险责任的占比越来越大，逐渐成为中端医疗险的主流责任。此外，自 2019 年以来，特定疾病及手术医疗保险责任和恶性肿瘤特定药品费用医疗保险责任的占比也呈显著上升趋势。

（一）一般医疗保险责任

指在合同有效期内，被保险人因遭受意外伤害事故或者在等待期后患疾病，经合同约定的医疗机构诊断必须接受治疗，且在约定医疗机构内接受治疗的，按照合同约定承担给付一般医疗保险金的责任。

一般医疗保险责任主要涵盖三大类费用：住院医疗费用、特殊门诊医疗费用及住院前后门急诊费用。

1. 住院医疗费用

指被保险人住院治疗期间实际发生并支付的、合理且必要的住院医疗费用。主要包含床位费（包括医院床位费、重症监护室床位费、加床费）、膳食费、药品费、材料费、诊疗费（医生费）、治疗费、护理费、检查化验费、手术费、器官移植费、救护车使用费等。住院医疗费用各项责任占比统计结果见表 2。

表 2　中端医疗险产品住院医疗费用各项责任统计

费用项目		比例		变化趋势
		2020 年	2021 年	
床位费	医院床位费	100%	100%	→
	重症监护室床位费	77%	72%	↓
	加床费	40%	40%	→
药品费		100%	100%	→
治疗费		100%	99%	↓
检查化验		100%	99%	↓
护理费		97%	97%	→
诊疗费（医生费）		92%	89%	↓
手术费		100%	99%	↓
膳食费		93%	99%	↑
材料费		27%	27%	→
器官移植费		15%	12%	↓
救护车使用费		51%	46%	↓
其他费用		11%	28%	↑

与 2020 年相比，2021 年中端医疗险涵盖的住院医疗费用各项目占比总体呈稳定趋势，个别项目有小幅波动，但总体各项费用更加集中和统一。其中，大部分产品都包含医院床位费、药品费、治疗费、检查化验费、护理费、诊疗费（医生费）、手术费及膳食费这八大类费用，此外，还有较多产品包含重症监护室床位费、加床费及救护车使用费。其他费用方面，麻醉费、输氧费、冷暖气使用费等费用出现频次较多。

特别地，在药品费方面，不同的中端医疗险产品对于药品费所包含的药品范围规定有较大的差异，具体见表 3。

表 3　中端医疗险产品药品费范围统计

药品费范围	比例		变化趋势
	2020 年	2021 年	
不限社保用药	5%	—	—
不限社保用药，但不包括：中草药	5%	10%	↑
不限社保用药，但不包括：营养补充类药品、免疫功能调节类药品、美容及减肥类药品、预防类药品、中药类药品	78%	72%	↓
不限社保用药，但不包括：自购药品、非开具处方医生所执业的医院购买的药品、中草药及其炮制的各类酒制剂	—	6%	—
不限社保用药，但不包括：中药类药品（主要起营养滋补作用的单方，复方中药和中成药品；部分可入药的动物脏器；中药材和中药饮片炮制的各类酒制剂等）	5%	9%	↑
其他	5%	3%	↓

2021 年的中端医疗险产品中，超七成的产品不包含营养补充类、免疫功能调节类、美容及减肥类、预防类和中药类药品赔付责任，该项占比相较 2020 年有所下降但仍居高位。

2. 特殊门诊医疗费用

指被保险人以门诊方式接受特殊治疗期间实际发生并支付的合理且必要的门诊医疗费用。其中特殊治疗主要包含门诊肾透析、门诊恶性肿瘤治疗、器官移植后的门诊抗排异治疗及门诊手术。特殊门诊医疗各项目占比统计结果见表 4。

表 4　中端医疗险产品特殊门诊医疗各项目统计

特殊门诊医疗项目	比例		变化趋势
	2020 年	2021 年	
门诊肾透析	100%	100%	→
门诊恶性肿瘤	91%	88%	↓
器官移植后的门诊抗排异	100%	100%	→
门诊手术费	86%	93%	↑

根据上表，2021 年含有特殊门诊医疗保险责任的中端医疗险产品基本都涵盖门诊肾透析、门诊恶性肿瘤及器官移植后的门诊抗排异治疗三大项目。门诊恶性肿瘤责任中，有 95% 以上的产品涵盖化学疗法、放射疗法、肿瘤免疫疗法、肿瘤内分泌疗法、肿瘤靶向疗法五种疗法，部分产品纳入质子重离子疗法。此外，部分产品在特殊门诊医疗费用责任中还加入门诊激光治疗费、术后门诊血管造影费等责任。

3. 住院前后门急诊费用

指被保险人在住院前及出院后若干天内，因与住院相同的原因进行门急诊医疗的费用。对于住院前及出院后的具体保障天数，各医疗险产品的规定有所不同，详见表 5。

表 5　中端医疗险产品住院前后门急诊保障天数统计

住院前后门急诊保障天数	比例		变化趋势
	2020 年	2021 年	
住院前 7 天，出院后 7 天	11%	8%	↓
住院前 7 天，出院后 14 天	3%	1%	↓
住院前 7 天，出院后 30 天	68%	59%	↓
住院前 15 天，出院后 30 天	—	1%	—
住院前 30 天，出院后 30 天	18%	29%	↑
住院前 30 天，出院后 60 天	—	2%	—

与 2020 年相比，2021 年的中端医疗险产品中住院前后门急诊保障天数设为"住院前 30 天，出院后 30 天"的比例大幅上升；且新增"住院前 30 天，出院后 60 天"的设置，但该类责任将特殊门诊医疗费和门诊手术医疗费剔除在外，对费用范围进行限制。

（二）重大疾病医疗保险责任

指在合同有效期内，若被保险人因遭受意外伤害或在等待期后因意外伤害以外的原因确诊初次发生合同约定的重大疾病（无论一种或多种）必须在医院接受治疗的，对于治疗期间发生的合理且必要的医疗费用，按照约定给付重大疾病医疗保险金。

1. 重疾病种数量

重疾医疗保险责任重疾病种数量统计结果见表6。

表6 中端医疗险产品重疾医疗保险责任重疾病种数量统计

重疾病种数量	比例		变化趋势
	2020 年	2021 年	
99 种以下	6%	3%	↓
99 种	2%	—	—
100 种	35%	34%	↓
105 种	18%	16%	↓
108 种	9%	4%	↓
110 种	11%	9%	↓
111—119 种	7%	6%	↓
120 种	7%	24%	↑
其他	4%	4%	→

近年来，中端医疗险重疾医疗保险责任涵盖的重疾病种数量呈逐年快速增长的趋势。在统计的 2021 年含重大疾病医疗保险责任的中端医疗保险产品中，大部分产品包含百种及以上重疾病种，其中，保障 120 种重疾的产品达到 24%，显著高于 2020 年；仅个别产品包含少数常见的高发重疾。

2. 重疾医疗费用

重大疾病医疗保险责任涵盖的可报销费用范围与一般医疗保险责任相同，主要包括重大疾病住院医疗费用、特殊门诊医疗费用、门诊手术医疗费用及住院前后门急诊费用，且各项费用的具体内容也与一般医疗基本一致。

此外，部分产品针对重大疾病会设置额外给付定额保险金或住院津贴保险金，定额给付金额一般为 1 万—2 万元，住院津贴一般为 100—500 元／天，且通常设有每年住院天数上限，如"每年不超过 180 天"。

（三）恶性肿瘤医疗保险责任

指在合同有效期内，若被保险人因遭受意外伤害或在等待期后因意外伤害以外的原因初次确诊罹患恶性肿瘤必须在医院接受治疗的，对于治疗期间发生的合理且必要的医疗费用，按照约定给付恶性肿瘤医疗保险金。

在行业重疾新定义发布后，医疗险中的恶性肿瘤医疗保险责任的病种范围通常仅限于"恶性肿瘤——重度"这一病种，部分产品会扩展"恶性肿瘤——轻度"，极少数将"原位癌"也纳入保障范围。

恶性肿瘤医疗保险责任涵盖的可报销费用范围与一般医疗保险责任也大致相同，包含恶性肿瘤住院医疗费用、特殊门诊医疗费用、门诊手术医疗费用及住院前后门急诊费用。与重大疾病医疗保险责任类似，某些产品也会专门针对恶性肿瘤给付定额保险金或住院津贴，定额给付金额通常为 1 万，住院津贴一般为 200 元／天。

（四）其他医疗保险责任

除上述一般医疗保险责任、重大疾病及恶性肿瘤医疗保险责任外，某些产品还含有一些特殊的其他医疗保险责任，多以可选责任或附加险的形式出现。

1. 质子重离子医疗保险责任

指当被保险人经医院明确诊断罹患合同约定的疾病且需在保险人指定的医疗机构接受质子治疗、重离子治疗时，保险人对被保险人实际支出的、合理且必要的质子重离子医疗费用进行赔付。

2021 年约有 60% 的中端医疗险产品含有质子重离子医疗保险责任，比例持续上升。在 2021 年这些产品中，报销比例为 100% 的产品占比与 2020 年相比有所下降，为 76%；同时报销比例为 60% 的产品占比大幅上升，达到 19%。质子重离子医疗费用报销比例统计结果见表 7。

表 7　中端医疗险产品质子重离子医疗费用报销比例统计

质子重离子费用报销比例	比例		变化趋势
	2020 年	2021 年	
60%	6%	19%	↑
80%	—	5%	—
100%	94%	76%	↓

2. 恶性肿瘤特定药品费用医疗保险责任

指等待期后，被保险人确诊罹患恶性肿瘤（一般仅赔付初次确诊），对治疗实际发生的必需且合理的特定药品费用，保险人按照约定的给付比例给付恶性肿瘤特定药品费用医疗保险金。

由于恶性肿瘤治疗周期长、药品开销大，一般医疗保险责任保障的药品责任保额有限且无法涵盖社保目录外和需要在院外购买的多数抗癌药。统计的中端医疗险中约有 17% 的产品含有该项责任，为恶性肿瘤患者的持续治疗提供较全面的药品保障。

保险人指定的特定药品基本为中国国家药品监督管理局批准且已在中国上市的靶向药物和免疫治疗药物，以保险公司公布的药品清单为准。2021 年统计的中端医疗险产品中，特药费用赔付比例均为 100%，但社保内的药品未用社保购买的赔付比例会有所调整，保额有 100 万 / 200 万 / 400 万三类，药品数量最多达到 106 种。

3. 特定疾病及手术医疗保险责任

指针对某些治疗费用高、治疗难度大的疾病（如恶性肿瘤或良性脑肿瘤、重型再生障碍性贫血等）或手术（如重大器官移植术或造血干细胞移植术、主动脉手术、急性坏死性胰腺炎开腹手术等），在一般医疗保险责任的基础上额外增加一定的保额，或者提供特需医疗保障，为患病的被保险人提供更优质的医疗服务。

这两种方式涵盖的具体医疗费用与一般医疗保险责任各项基本一致。其中第二种方式与高端医疗险不同的是，该责任仅对 10 余种特定疾病及手术提供特需服务，而高端医疗险对所有疾病均提供特需服务。

2021 年约有 9% 的产品含有该项责任，赔付方式包括与重疾医疗保险责任共享保额、额外增加保额及扩展医院范围等。

4. 其他

在 2021 年统计的中端医疗险产品中，个别产品中还出现了下表中的医疗责任。

表 8　中端医疗险产品特殊医疗责任统计

责任名称	责任内容
一般门急诊医疗费用	指被保险人在医院门急诊治疗发生的医疗费用，包括：诊疗费、治疗费、检查检验费、药品费、救护车使用费等，与一般医疗保险金共享保额。
意外门急诊医疗保险金	因意外且180天内接受门急诊治疗，给付实际发生的医疗费用，包括：挂号费、诊疗费、治疗费、手术费、药品费、检查费等。
住院就医安排费用保险金	等待期后因疾病或意外伤害经医院诊断必须住院治疗，保险公司将安排被保险人在指定医院住院治疗，并承担由此产生的相关医疗服务费用。
博鳌乐城特定医疗保险金	首次确诊疾病且需接受约定的特定医学治疗，保险公司将按约定给付比例承担被保险人在海南博鳌乐城国际医疗旅游先行区特定医疗机构接受治疗而发生的医疗费用。

（五）赔付标准

中端医疗险一般均适用医疗费用补偿原则，对被保险人进行符合合同约定的相关治疗产生的费用进行赔付。赔付标准一般是：

医疗保险金 =（被保险人实际支出的符合保险合同相关约定的医疗费用 – 免赔额）× 赔付比例

1. 免赔额

免赔额指在保险合同约定的保险期间内，由被保险人自行承担，保险人不予以赔付的额度。免赔额的设置一方面是为了简化手续，避免多次小额赔款带来的不便；另一方面也是为了加强消费者的防范与预防意识，共担风险。

中端医疗险产品一般医疗免赔额度统计结果见表 9。

表 9　中端医疗险产品一般医疗免赔额度统计

一般医疗免赔额度	比例		变化趋势
	2020 年	2021 年	
5000	5%	6%	↑
8000	7%	5%	↓
1 万	64%	64%	→
2 万	12%	10%	↓
3 万	—	2%	—
5 万	—	2%	—
没有明确	8%	7%	↓
其他	4%	4%	→

中端医疗险的一般医疗费用免赔额多数设置为 1 万元，重大疾病或恶性肿瘤医疗费用无免赔额。与 2020 年相比，2021 年的中端医疗险产品中少数产品的免赔额出现 3 万和 5 万的额度设置，此外其余额度占比均维持稳定。

2. 赔付比例

保险公司会对被保险人实际支出的符合保险合同相关约定的医疗费用给予一定比例的赔付。一般情况下，被保险人以无社保身份投保或以有社保身份投保并以参加社保身份就诊并结算的，赔付比例为 100%；被保险人以有社保身份投保但未以参加社保身份就诊并结算的，赔付比例则在 50%—80%，统计结果中有约 75% 的产品在这种情况下赔付 60%。

表 10 中端医疗险产品一般医疗赔付比例统计

一般医疗赔付比例	比例		变化趋势
	2020 年	2021 年	
100%	3%	—	—
无社保：100%； 有社保且使用社保：100%； 有社保未使用社保：60%	70%	71%	↑
无社保：100%； 有社保且使用社保：100%； 有社保未使用社保：80%	4%	7%	↑
无社保：90%； 有社保且使用社保：90%； 有社保未使用社保：60%	3%	—	—
无社保：90%； 有社保且使用社保：90%； 有社保未使用社保：54%	—	2%	—
无社保未使用社保：80%； 无社保且使用社保：100%； 有社保且使用社保：100%； 有社保未使用社保：60%	4%	2%	↓
无社保：80%； 有社保且使用社保：100%； 有社保未使用社保：80%	—	2%	—
无社保：100%； 有社保且使用社保：100%； 有社保未使用社保：50%	—	2%	—
无社保：80%； 有社保且使用社保：80%； 有社保未使用社保：48%	3%	2%	↓

（续表）

一般医疗赔付比例	比例		变化趋势
	2020 年	2021 年	
无社保：60%； 有社保且使用社保：100%； 有社保未使用社保：60%	—	2%	—
没有明确	4%	6%	↑
其他	7%	7%	→

二、免责条款

由于中端医疗险的疾病范围广泛、医疗费用项目众多且种类繁杂，因此免责条款数量较多，内容也较为复杂。医疗免责条款数量的统计结果见表 11。

表 11　中端医疗险产品免责条款数量统计

免责条款数量	比例		变化趋势
	2020 年	2021 年	
16 条及以下	26%	23%	↓
17—20 条	27%	25%	↓
21—25 条	33%	42%	↑
26 条及以上	15%	10%	↓

2021 年新报备的中端医疗险产品医疗免责条款数量多数为 21—25 条，占比达 42%；其他区间的免责数量比例均有小幅下降。与其他类型的保险产品相比，医疗险产品除了对基本的违法犯罪及故意行为类免责外，还对整形、体检等非疾病治疗项目，精神病、传染病等特殊疾病等免责。不同的产品免责条款具体内容差异较大，消费者在购买时需要仔细甄别比较。

三、普通条款

（一）投保年龄

中端医疗险被保险人的最低投保年龄多数为 0 周岁（28 天 /30 天），2021 年该情况的占比达到 85%；另外，2021 年新出现最低投保年龄设为 16 周岁、40 周岁和 46 周岁的情况，其中 40 周岁的比例达 5%。

2021 年中端医疗险最高投保年龄为 65 周岁的产品占比增至 36%，同时最高投保年龄为 60 周岁的产品占比有所下降；整体来看，中端医疗险的投保年龄范围呈逐渐扩大的趋势。投保年龄统计结果见表 12 和表 13。

表 12　中端医疗险产品最低投保年龄统计

最低投保年龄	比例		变化趋势
	2020 年	2021 年	
0 周岁	79%	85%	↑
16 周岁	1%	1%	→
18 周岁	14%	5%	↓
40 周岁	—	5%	—
46 周岁	—	1%	—
没有明确	5%	4%	↓

表 13　中端医疗险产品最高投保年龄统计

最高投保年龄	比例		变化趋势
	2020 年	2021 年	
55 周岁及以下	11%	5%	↓
60 周岁	51%	41%	↓
64 周岁	—	2%	—

（续表）

最高投保年龄	比例		变化趋势
	2020 年	2021 年	
65 周岁	26%	36%	↑
70 周岁	1%	7%	↑
75 周岁	1%	—	—
80 周岁	3%	6%	↑
没有明确	5%	4%	↓

（二）犹豫期

由于保险期间较短，多数中端医疗险产品都没有犹豫期，少数有犹豫期的产品也通常设置为 10 天或 15 天，2021 年统计的产品中还出现 3 天、5 天和 20 天犹豫期的情况。

表 14　中端医疗险产品犹豫期统计

犹豫期	比例		变化趋势
	2020 年	2021 年	
2 天	8%	3%	↓
3 天	—	1%	—
5 天	—	1%	—
10 天	5%	8%	↑
15 天	22%	29%	↑
20 天	1%	1%	→
无	63%	58%	↓

（三）交费方式

本分报告统计的中端医疗险产品交费方式均包括趸交，部分产品也同时提供月交的方式。2021 年提供趸交、月交两种交费方式的产品占比持续上升，具体统计结果见表 15。

表 15 中端医疗险产品交费方式统计

交费方式	比例		变化趋势
	2020 年	2021 年	
趸交	100%	100%	→
月交	21%	36%	↑

（四）等待期

从统计结果来看，2021 年中端医疗险产品的平均等待期与 2020 年相比略有延长。等待期为 30 天的产品占比有所下降，同时 90 天等待期的比例提升。其中，部分中端医疗险产品针对"质子重离子医疗保险责任"或是"腺样体肥大、甲状腺、疝气、扁桃体、乳腺、女性生殖系统疾病"另外设置 90 天等待期。此外，2021 年个别产品将等待期设置为 28 天或 60 天。具体统计结果见表 16。

表 16 中端医疗险产品等待期统计

等待期	比例		变化趋势
	2020 年	2021 年	
30 天	90%	84%	↓
90 天	3%	9%	↑
其他	6%	7%	↑

（五）保险期间及续保

本分报告统计样本均为 1 年期的短期中端医疗险产品，且续保条件均为"非保证续保"。2021 年 1 月 11 日，银保监会下发的《关于规范短期健康保险业务有关问题的通知》（以下简称《通知》）要求："保险公司开发的短期健康保险产品中包含续保责任的，应当在保险条款中明确表述为'不保证续保'条款。不保证续保条款中至少应当包含以下内容：

'本产品保险期间为一年（或不超过一年）。保险期间届满，投保人需要重新向保险公司申请投保本产品，并经保险人同意，交纳保险费，获得新的保险合同。'

保险公司不得在短期健康保险产品条款、宣传材料中使用'自动续保'、'承诺续保'、'终身限额'等易与长期健康保险混淆的词句。"

1. 最高续保年龄

多数中端医疗险产品在条款中明确了最高可续保年龄。2022 年最高续保年龄在 99 周岁及以上的产品占比达到 70%，成为当下产品设计的主流配置。最高续保年龄统计结果见表 17。

表 17　中端医疗险产品最高续保年龄统计

最高续保年龄	比例		变化趋势
	2020 年	2021 年	
60 周岁及以下	5%	6%	↑
65 周岁	—	4%	—
70 周岁	—	3%	—

（续表）

最高续保年龄	比例		变化趋势
	2020 年	2021 年	
75 周岁	1%	3%	↑
80 周岁	10%	9%	↓
84 周岁	4%	1%	↓
85 周岁	—	2%	—
99 周岁	24%	29%	↑
100 周岁	26%	20%	↓
105 周岁	22%	21%	↓
其他	7%	4%	↓

2. 停售能否续保

一般情况下医疗险合同条款中都会明确规定："停售不能续保。"《通知》中明确规定，产品停售需要提前告知消费者，披露停售的具体原因、具体时间，同时需要提供后续服务措施，包括为已购买产品的保险消费者在保险期间内继续提供保障服务和在届满时提供必要且合理的转保服务两方面。

四、特殊条款

中端医疗险产品理赔范围广、涉及的医疗内容复杂，相对于其他人身险产品来说，对保障责任的规定更加细致，也涵盖更多特殊条款与增值服务。

（一）医院范围

大多数产品规定的医院范围都是要求中国境内（不含中国的香港、澳门和台湾地区）。医院一般规定为二级及以上公立医院或保险公司指定或认可的定点医院，病房类别一般为普通部。具体医院范围统计结果见表 18。

表 18　中端医疗险产品医院范围统计

医院范围	比例		变化趋势
	2020 年	2021 年	
仅限于二级及以上医保定点医院	11%	—	—
仅限于二级及以上公立医院普通部	59%	52%	↓
仅限于二级及以上公立医院或保险人认可医院	11%	11%	→
仅限于二级及以上公立医院普通部或保险人认可医院	7%	12%	↑
仅限于二级及以上公立医院普通部或上海质子重离子医院	5%	19%	↑
其他	6%	6%	→

（二）责任延续

指若被保险人在保险期间内开始住院治疗，到保险期间届满住院仍未结束，且不再续保的，保险人将继续在合同约定的医疗保险金年度给付限额内承担给付保险金责任至住院结束，但有延续时长限制，一般最长不超过保险期间届满之日起第 30 天，也有部分保险延续至 90 天或 180 天；

2021 年有 4% 的产品责任可延续至办理出院手续，对消费者更加友好，但同时存在较大理赔风险，保险公司在设计时需谨慎斟酌。此外，对于特定疾病（如恶性肿瘤等）、特定治疗项目（如质子重离子治疗等），赔付责任的延续时间可能更长，达到 180 天甚至 1 年。

在 2021 年统计的中端医疗险中，约有 82% 的产品含有该项责任。责任延续情况统计结果见表 19。

表 19　中端医疗险产品责任延续情况统计

责任延续情况	比例		变化趋势
	2020 年	2021 年	
住院医疗费用：延续届满后 30 天	86%	90%	↑
住院医疗费用：延续届满后 90 天	—	4%	—
住院医疗费用：延续届满后 180 天	8%	2%	↓
住院医疗费用：延续至办理出院手续	—	4%	—
住院医疗费用：延续届满后 30 天 门急诊医疗费用：延续届满后 10 天	2%	—	—
重大疾病住院津贴：延续届满后 30 天	3%	—	—
重大疾病住院医疗费用：延续住院之日起 180 天	2%	—	—

（三）无理赔优惠

指若被保险人在一定时期内没有出险进行理赔，则保险公司会给予一定优惠措施。不同的医疗险产品的优惠措施有所不同：大多数产品规定在若干年内无理赔，则免赔额降低一定数额且可以累计；也有少部分产品规定在最近若干个保险期间内无理赔，保险金额逐年递增。

在本次统计的短期中端医疗险中有 6 款产品含有该条款，涉及以下 3 项无理赔优惠责任。

表 20　2021 年中端医疗险产品无理赔优惠内容

无理赔优惠内容
每年为一个无理赔优惠审核期间，若通过则免赔额降低 1000 元（可累计，免赔额最低为 5000 元）
每年为一个无理赔优惠审核期间，若通过则免赔额降低 1000 元（可累计，免赔额最低为 8000 元）
18—70 周岁被保险人，健康信用费率优惠 = 费率表保费 × 健康信用调整系数；健康信用调整系数：若保费月交，近 30 天健康信用 0—39、40—79、80—99、超过 100，调整系数分别为 100%、95%、85%、70%；若保费年交且首次投保，近 30 天健康信用 0—99、超过 100，调整系数分别为 100%、95%；若保费年交且非首次投保，近 365 天健康信用 0—479、480—959、960—1199、超过 1200，调整系数分别为 100%、95%、85%、70%

专题报告一
2021 年人身保险典型产品
精算评估分析概况

在《2021 中国人身保险产品研究报告》中，我们对 2020 年主流的定期寿险、增额型终身寿险和重大疾病保险典型产品进行了精算评估分析。在今年的专题报告中，我们将继续从主流的年金险产品与普通型终身寿险产品，以及契合老龄社会养老护理需求的长期护理保险产品中，各选取一款典型产品进行精算评估分析。本专题报告将从中国会计准则、中国风险导向的偿付能力体系[①]（以下简称"偿二代一期"）和基于偿二代一期的价值体系的角度[②]，分析各典型产品对保险公司的总体贡献和长期影响。另外，对于自 2022 年 1 月 1 日起开始实施的《保险公司偿付能力监管规则（Ⅱ）》（以下简称"偿二代二期"），本专题报告也将针对各典型产品在偿

[①] 2015 年 2 月原保险监督管理委员会发布中国保监会关于印发《保险公司偿付能力监管规则（1—17 号）》的通知，即偿二代一期监管规则，本专题报告基于该规则进行评估分析。

[②] 考虑到 2021 年行业主要基于偿二代一期监管规则对新产品进行定价与评估，因此本专题报告仍基于偿二代一期规则进行新业务价值方面的评估分析。

二代一期和偿二代二期下的各时点准备金与发单时点保险风险最低资本做出简要的对比分析。

请注意，以下评估分析基于较多的非经济假设和经济假设。由于寿险公司同业间规模体量、发展阶段、管理水平和客户群体等显著不同，非经济假设往往差异较大。同时，由于寿险公司同业间风险偏好、投资决策、资产配置等各有特色，经济假设也可能不尽相同。因而，本次测算中采用的非经济假设和经济假设主要反映行业平均水平，评估分析的结果与产品在原公司精算评估体系下的评估结果或同类产品公开可查询的精算评估结果均有偏离。

一、概述

（一）评估时点、模拟保单选取和评估假设

除上述准则标准外，本次测试还基于如下评估时点、保单信息与评估假设的设定。

假设保单的发单时点和评估时点均为 2021 年 12 月 31 日。

为了增加各典型产品间的分析可比性，本专题报告综合考虑性别、渠道、保额、保费、交费期间等因素，为各典型产品选取了与实际销售中典型保单相似的模拟保单进行测试。

评估中使用基于行业平均水平的非经济假设和经济假设，未考虑再保影响。

（二）测试结果汇总

三款典型产品的模拟保单在会计准则、偿二代一期监管规则和价值体系下的测试评估结果汇总如表 1 所示。

表 1　典型产品模拟保单测试结果汇总

典型产品	性别	首日利得率	首日溢额贡献率	新业务价值率
年金典型产品	男性	4%	1%	27%
	女性	4%	1%	27%
普通型终身寿险典型产品	男性	24%	14%	111%
	女性	27%	15%	117%
长期护理保险典型产品	男性	29%	16%	98%
	女性	32%	18%	107%

其中，年金典型产品储蓄属性较强、保险期限较短，模拟保单盈利能力较差，新业务价值率偏低，保单的销售对首日偿付能力溢额几乎没有贡献作用。普通型终身寿险典型产品与长期护理保险典型产品的高保障属性使得产品的盈利能力较强，产品具有较高的首日利得率和新业务价值率，对首日偿付能力溢额的贡献程度也处于较高水平。

二、年金保险产品

（一）产品责任概况

本次测试选取的年金典型产品保障身故责任、生存责任和满期责任。产品的保险期间为 15 年，交费期间可选 3 年交、5 年交和 10 年交。当被保险人在保险期间内身故，保单将给付约定金额作为身故保险金，约定金额为身故时的保险合同累计已交保费。在第五个保单年度至第十四个保单年度期间，若被保险人在保险合同周年日仍生存，则保单将给付约定金额作为生存保险金，约定金额为年交保费的一定比例，该比例与所处保单年度和交费期间有关。在保单期满时，若被保险人仍生存，则保单将给付约定金额作为满期保险金，约定金额为基本保额。

（二）模拟保单情况

本次测试的模拟保单的年交保费为两万元，交费期间为 10 年。模拟保单分别选取了 30 岁男性与 30 岁女性为被保险人（以下简称"男性保单"和"女性保单"），男性保单和女性保单的基本保额分别为 8.7 万元和 8.8 万元人民币。

（三）假设制定原则

基于假设制定的基本原则，中国会计准则下的准备金评估假设具体如下：

- 采用《中国人寿保险业经验生命表（2010—2013）》中的 CL5/6（2010—2013），即养老金业务表作为死亡率基础表，并参考行业一般水平的发生率经验制定经验乘数假设；

- 其余非经济假设（如退保率、费用、佣金等假设）考虑典型产品所属公司、渠道类型，采用对应的行业一般水平的假设制定；

- 根据监管规定确定折现率曲线，并假定折现率曲线及溢价水平在未来保持不变；

- 通货膨胀率假设采用行业一般水平确定；

- 不利情景假设考虑了死亡率、退保率和费用的不利情景；

- 评估中未考虑再保影响。

保险公司偿二准备金评估假设，是在会计准备金评估假设的基础上，遵循偿二代一期监管规则要求而调整和制定的。

新业务价值评估假设遵循行业评估标准制定，其中负债评估假设与偿二准备金评估假设保持一致，现金流等预测相关假设采用上述会计准备金评估假设。对投资收益、要求资本成本、股东资本成本等的考量，采用行业一般水平加以估计。

（四）中国会计准则

1. 会计准备金的变动趋势

对于保险期间为 15 年，交费期间为 10 年的年金典型产品，其模拟保单的单位会计准备金趋势如图 1 所示。

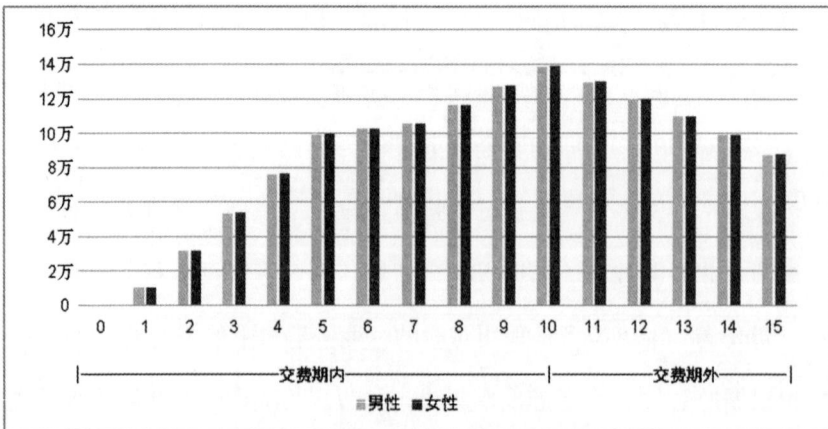

图 1　年金典型产品单位会计准备金

假设模拟保单从未出险，反映预期未来净赔付支出现值的单位会计准备金呈现交费期内上升、交费期外下降的趋势。在前 4 个保单年度中，由于尚无保险责任发生，保单仅收取保费并支出费用，因此保费快速累积、单位会计准备金快速上涨。第 5 至第 6 个保单年度的年金责任水平与保费收入水平基本相当，因此单位会计准备金在期间缓慢增长；在之后的 4 个保单年度中，年金责任水平降低，单位会计准备金稳步增长。当保单进入交费期外，即第 10 个保单年度及之后，未来剩余保险责任逐年缩减，单位会计准备金呈逐年下降的趋势。

男性保单与女性保单的单位会计准备金变化趋势基本一致。这是因为模拟保单保险期间较短，男性与女性的死亡率差异对单位会计准备金影响极小。

对模拟保单做从未出险的假设，实际上是排除了分析中对有效人数衰减的考虑。考虑人数衰减，相当于观测一组完全相同的模拟保单，其中部分模拟保单会在保险期间内因出险、退保或停交保费等原因而终止。有效会计准备金是考虑了人数衰减和单位会计准备金双重因素的准备金。

年金典型产品模拟保单的有效会计准备金趋势如图 2 所示。

在考虑人数衰减的情况下，有效会计准备金变化趋势与单位会计准备金变化趋势相同，仅变化幅度有所降低。这是由于模拟保单的保险期间较短，因此人数衰减对准备金的变化趋势没有本质的影响。

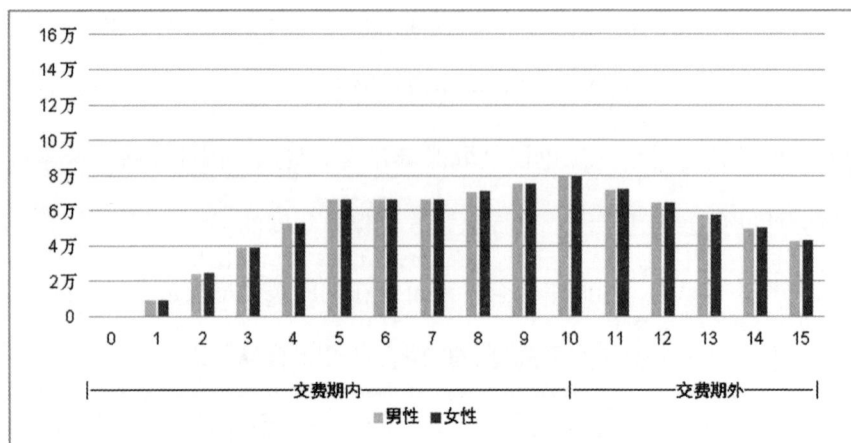

图 2　年金典型产品有效会计准备金

男性保单的有效会计准备金与女性保单基本一致，这与单位会计准备金同因。

2. 首日利得率

年金典型产品模拟保单的保费收入构成如图 3 所示。男性保单和女性保单构成基本一致。

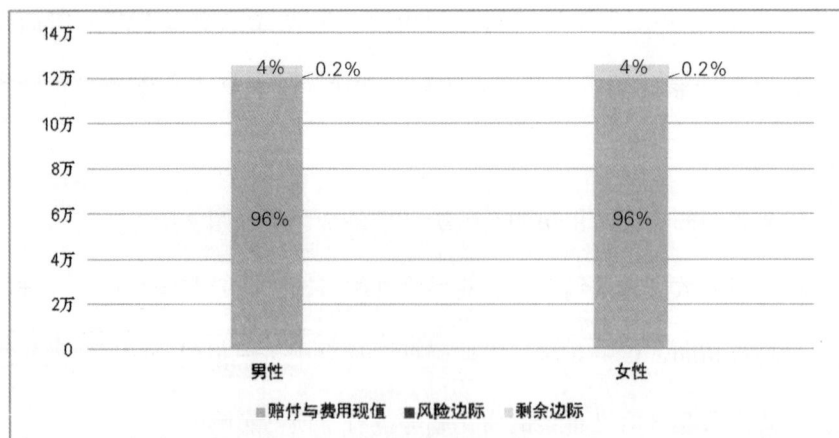

图 3　年金典型产品首日利得率及其余部分构成

对男性保单与女性保单而言，保险公司未来收到的保费收入的现值预期均为 12.6 万元。其中，约有 96% 的保费将通过赔付和费用的方式支出。剩余边际在保费收入现值中的占比，即首日利得率为 4%。模拟保单用于应对不利情景的边际仅约 0.2%，这是因为年金典型产品保险期间较短、保障属性较弱、保险公司承担的风险较低，因此受到不利情景假设的影响很小。

年金典型产品首日利得率与其他类型产品相比较低。这是由于该产品保障期限较短、保险公司承担的长寿风险较少。同时，该产品的储蓄属性使其竞争激烈、利润水平较低。

3. 预期利润释放趋势

模拟保单在发单时点存在首日利得，继而成为会计准备金中的剩余边际，根据发单时点选定的有效保单数量作为摊销载体，剩余边际在整个保险周期中逐步释放，形成对公司的利润贡献。

年金典型产品模拟保单的预期利润释放趋势如图 4 所示。

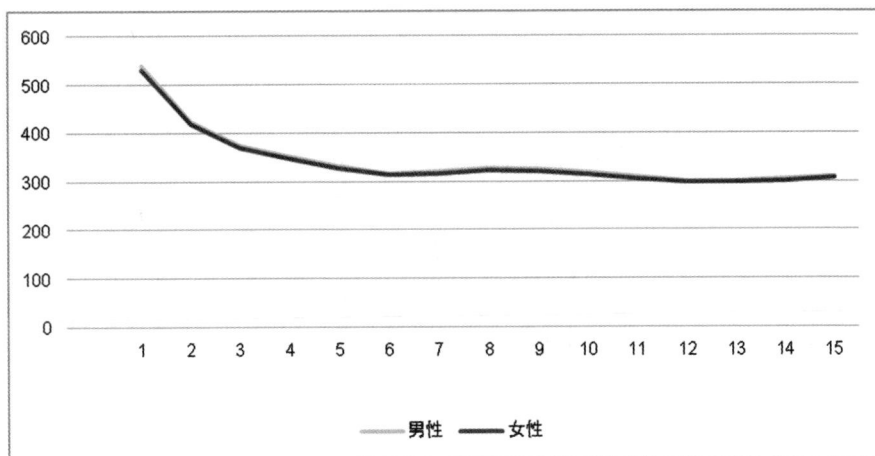

图 4 年金典型产品预期利润释放

模拟保单预期利润释放呈现前高后低的趋势。由于产品假设保单前期的退保率较高，因此有效保单数衰减较快，剩余边际释放较多；后期由于退保率较为平稳，且保险期间较短、死亡率没有大幅变化，因此剩余边际随有效人数趋势平稳释放。

男性保单与女性保单的利润释放基本一致。这与有效会计准备金趋势同因。

（五）偿二代一期监管规则

1. 偿二准备金的变动趋势

根据偿二代一期监管规则评估得到的偿二准备金，其变动趋势与会计准备金基本一致，但初始金额为负。偿二代一期监管规则下没有剩余边际的概念，允许发单时点出现负的准备金。由于模拟保单存在首日利得，因此初始偿二准备金为负。

年金典型产品模拟保单的单位偿二准备金趋势如图 5 所示。

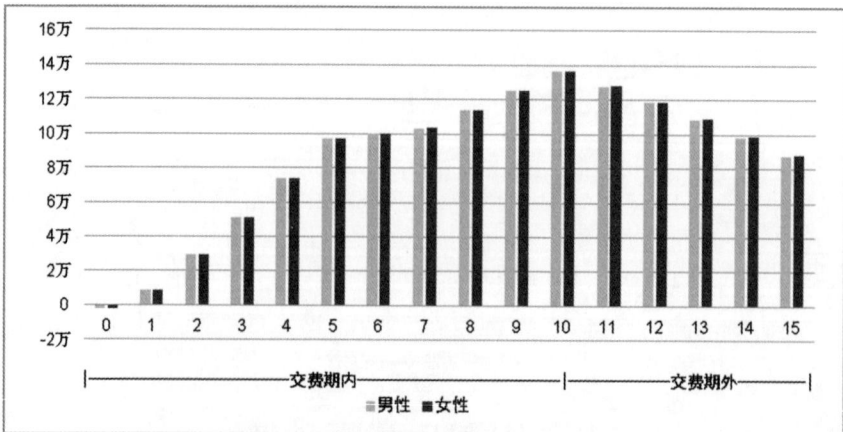

图 5　年金典型产品单位偿二准备金

对于一张从未出险的有效保单，其偿二准备金呈现交费期内上升、交费期外下降的趋势。男性保单与女性保单趋势基本一致。单位偿二准备金的变化趋势原因与单位会计准备金变化趋势原因相同。

年金典型产品模拟保单的有效偿二准备金趋势如图 6 所示。

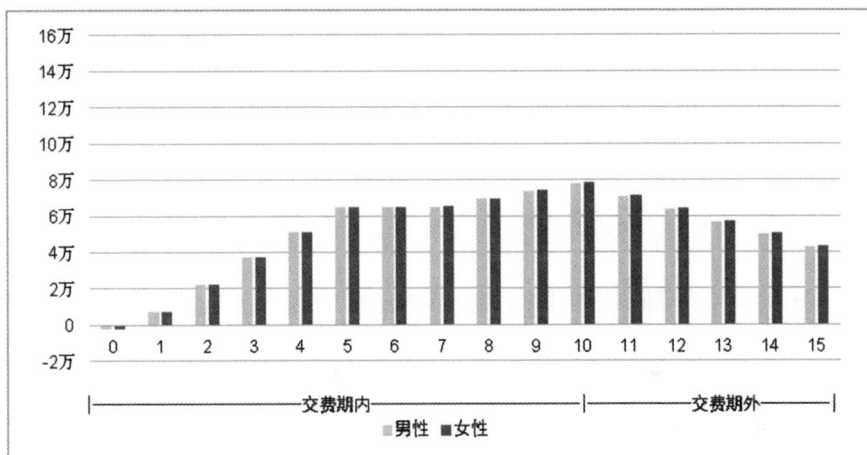

图 6　年金典型产品有效偿二准备金

在考虑有效人数衰减的情况下，模拟保单的有效偿二准备金变化趋势与单位偿二准备金变化趋势相同，仅变化幅度有所降低。男性保单的有效偿二准备金与女性保单基本一致。有效偿二准备金的变化趋势与有效会计准备金同因。

2. 保险风险最低资本

年金典型产品模拟保单的单位保险风险最低资本占用趋势如图 7 所示。

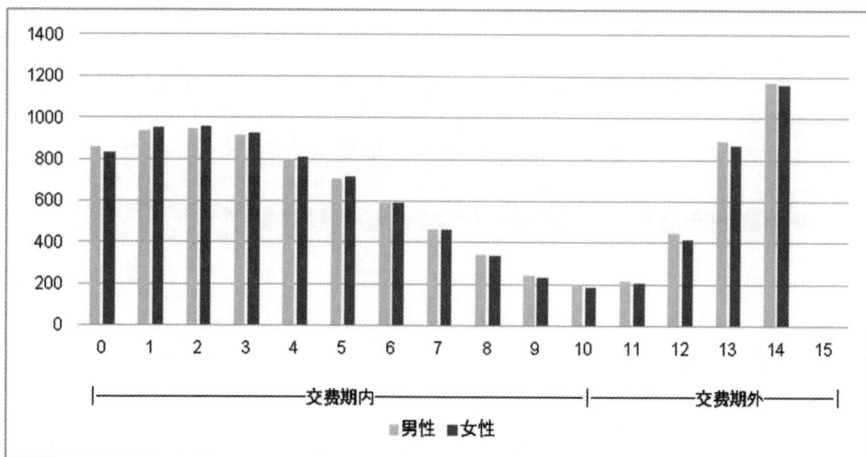

图 7　年金典型产品单位保险风险最低资本占用

　　资本占用呈现保单前期与后期占用较高、中期占用较低的趋势。由于年金典型产品的保障属性很弱，保险风险最低资本占用整体较低，其中的主要来源为退保相关风险和费用风险，死亡相关风险很低。

　　退保风险方面，一方面，保单在前期面临较高的单位大规模退保风险最低资本占用，这是因为保单销售需要较高的获取成本，早于预期的保单脱退会使保险公司无法实现未来预期保费，没有转化为收入的成本对保险公司产生不利影响。另一方面，保单在前期有一定程度的单位退保率风险最低资本占用，这是由于年金典型产品有较强的储蓄性质，当退保率下降时，晚于预期的退保会使公司面临更多的年金责任给付，因此退保率下降会产生较高的单位最低资本占用，该占用随着时间的推进与剩余保险期间的缩短逐年下降。另外，保单在末期会有很高的单位大规模退保风险最低资本占用，因为年金典型产品模拟保单有满期给付，保单末期的现金价值较高，大规模退保对公司会产生很大的现金流的不确定性。

费用风险方面，年金典型产品由于保费规模较大，费用相对较高，因此费用浮动会产生一定程度的不确定性与最低资本占用。随着时间的推进与剩余保险期间的缩短，单位费用风险最低资本占用逐年下降。

年金典型产品模拟保单的有效保险风险最低资本占用趋势如图 8 所示。

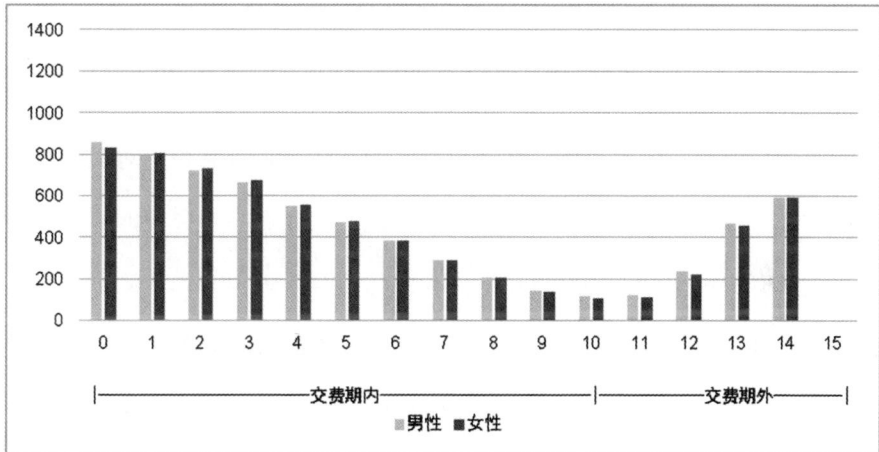

图 8　年金典型产品有效保险风险最低资本占用

年金典型产品保险期间较短，有效人数的衰减影响较小。在考虑有效人数的衰减后，模拟保单的有效保险风险最低资本占用与单位保险风险最低资本占用趋势相同，男性保单与女性保单趋势基本一致。

3. 首日溢额贡献率

年金典型产品模拟保单的首日溢额贡献情况如图 9 所示。

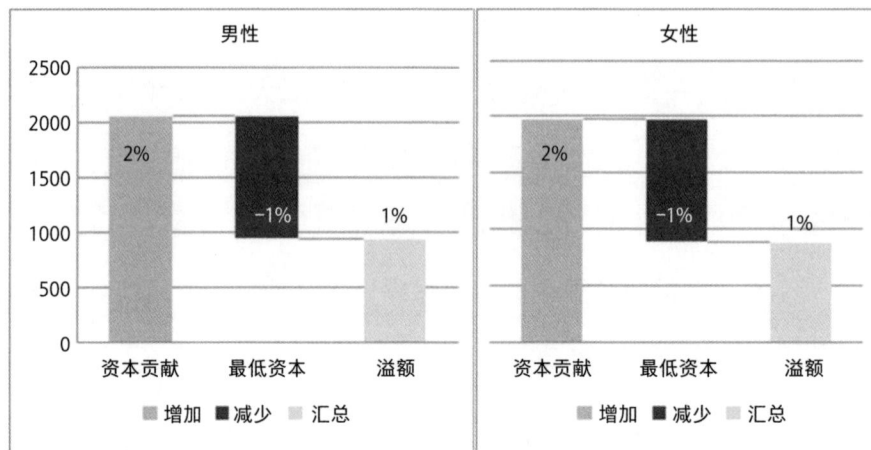

图 9　年金典型产品对实际资本的贡献或消耗与最低资本占用

年金典型产品的模拟保单在发单时点存在少量首日利得，对实际资本略有贡献作用，同时最低资本占用水平更低，因此产品对公司的首日偿付能力溢额有少量贡献作用。以模拟保单的保费收入现值为单位测算，男性保单与女性保单的保费收入现值中有 2% 为保单的首日利得，贡献实际资本；最低资本占用约为保费收入现值的 1%。综合来看，模拟保单的销售对公司在首日的偿付能力溢额有小幅的提升作用，男性保单与女性保单对首日偿付能力溢额的贡献程度均约为 1% 的保费收入现值。

相比其他产品，由于年金典型产品实际转移给保险公司的风险较低，同时产品保险期间较短、市场与信用风险较低，因此最低资本占用程度较小。

（六）新业务价值

1. 新业务价值率

由于年金典型产品的储蓄属性较强、期限通常较短，因此保险公司实质承担的风险偏低，保单的盈利能力相对终身型产品或保障成分较高的产品较弱。

表 2　年金典型产品新业务价值率情况

性别	新业务价值	首年保费	新业务价值率
男性	5486	2 万	27%
女性	5439	2 万	27%

如表 2 所示，与会计准则下的首日利得率和偿二代一期监管规则下的资本贡献率相似，年金典型产品的新业务价值率在五类产品中也处于中等偏低水平，为 27%。

年金典型产品的新业务价值率表现在男性与女性之间没有明显的差别，这是因为保险期间较短，男、女性死亡率差异作用较小。

2. 可分配盈余与首年新业务压力

年金典型产品模拟保单的未来可分配盈余趋势如图 10 所示。

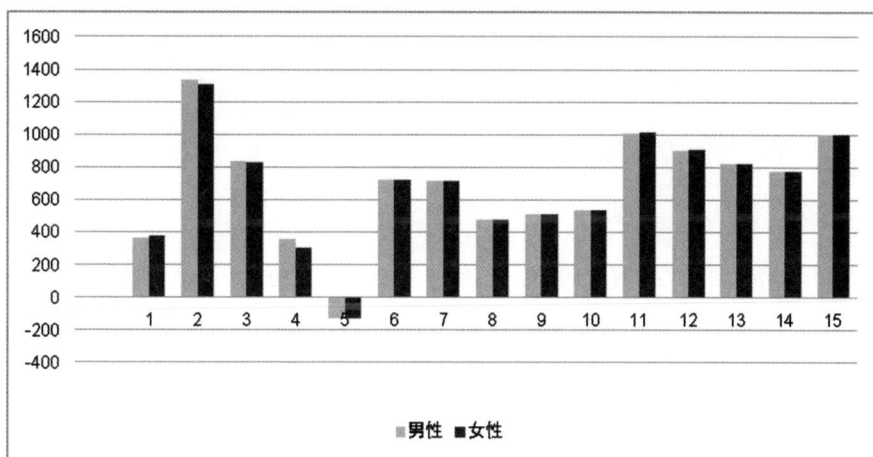

图 10　年金典型产品保单未来可分配盈余

由于年金的储蓄属性强，因此保费规模通常较大，首年的保单获取费用或佣金及手续费带来的新业务压力并不明显。同时，由于保单的最低资本占用较小，且保单存在剩余边际，因而两者抵消后，保单首年并未出现较大的偿付能力额外资本要求，由此首年的可分配盈余为正。虽然考虑到产品责任水平在保险期间内波动较大，预期未来可分配盈余也存在较大波动；但由于储蓄型产品的盈利空间较小，与终身寿险产品或重大疾病保险产品相比，年金保险产品模拟保单在保单生命周期中的预测盈余水平度均处于低位。

男性保单与女性保单的未来可分配盈余基本一致，这与有效会计准备金趋势同因。

三、普通型终身寿险产品

（一）产品责任概况

本次测试选取的普通型终身寿险典型产品保障身故责任和高残责任。产品的保险期间为终身，交费期间可选趸交、3年交、5年交、10年交、20年交和30年交。当被保险人在保险期间内身故或高残，保单将给付约定金额作为身故或高残保险金。约定金额为分段形式，若被保险人于年满18周岁前身故或高残，则保单给付身故或高残时的保险合同累计已交保费与现金价值的较大者；若被保险人于年满18周岁起身故或高残，则保单给付基本保额。

（二）模拟保单情况

本次测试的模拟保单的基本保额为 100 万元，交费期间为 20 年。模拟保单分别选取了 30 岁男性与 30 岁女性为被保险人，男性保单和女性保单的年交保费分别为 1.58 万元和 1.32 万元人民币。

（三）假设制定原则

基于假设制定的基本原则，中国会计准则下的准备金评估假设具体如下：

- 采用《中国人寿保险业经验生命表（2010—2013）》中的 CL1/2（2010—2013），即非养老金业务一表作为死亡率基础表，并参考行业一般水平的发生率经验制定经验乘数假设；
- 其余非经济假设（如退保率、费用、佣金等假设）考虑典型产品所属公司、渠道类型，采用对应的行业一般水平的假设制定；
- 根据监管规定确定折现率曲线，并假定折现率曲线及溢价水平在未来保持不变；
- 通货膨胀率假设采用行业一般水平确定；
- 不利情景假设考虑了死亡率、退保率和费用的不利情景；
- 评估中未考虑再保影响。

保险公司偿二准备金评估假设，是在会计准备金评估假设的基础上，遵循偿二代一期监管规则要求而调整和制定的。

新业务价值评估假设遵循行业评估标准制定，其中负债评估假设与偿二准备金评估假设保持一致，现金流等预测相关假设采用上述会计准备金评估假设。对投资收益、要求资本成本、股东资本成本等的考量，采用行业一般水平加以估计。

（四）中国会计准则

1. 会计准备金的变动趋势

普通型终身寿险典型产品的保险期间为终身，评估实务中通常假设被保险人的最大年龄为 106 岁，则模拟保单的保险期间为 76 年。

普通型终身寿险典型产品模拟保单的单位会计准备金趋势如图 11 所示。

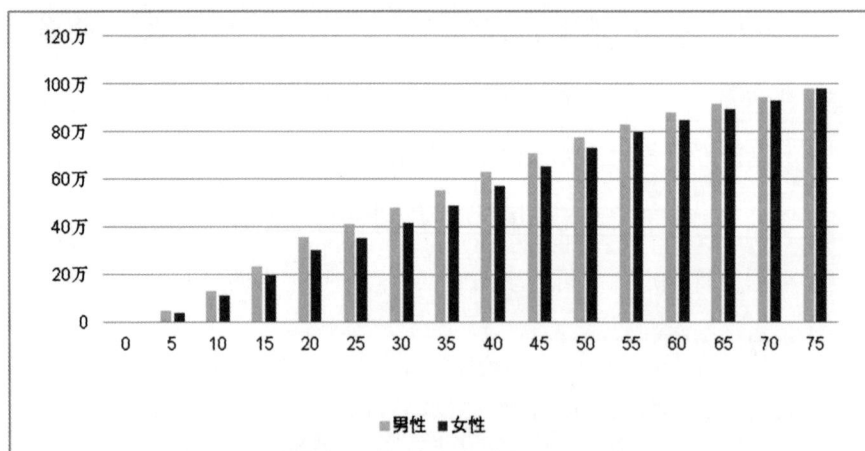

图 11　普通型终身寿险典型产品单位会计准备金

假设模拟保单从未出险，反映预期未来净赔付支出现值的单位会计准备金会随着时间推移而逐步上升。由于产品对死亡风险的保障为终身，随着年龄增长，被保险人发生身故的预期时间越来越近，即使保单的赔付责任不变，预期赔付支出的现值也在提高，因此产品的单位会计准备金持续上升，并且无转降的趋势。

男性保单与女性保单的单位会计准备金变化趋势基本一致，但男性保单的单位会计准备金整体略高于女性保单。这是因为男性的死亡率整体略高于女性，预期未来赔付靠前、赔付现值较多。

对模拟保单做从未出险的假设，实际上是排除了分析中对有效人数衰减的考虑。考虑人数衰减，相当于观测一组完全相同的模拟保单，其中部分模拟保单会在保险期间内因出险、退保或停交保费等原因而终止。有效会计准备金是考虑了人数衰减和单位会计准备金双重因素的准备金。

普通型终身寿险典型产品模拟保单的有效会计准备金趋势如图 12 所示。

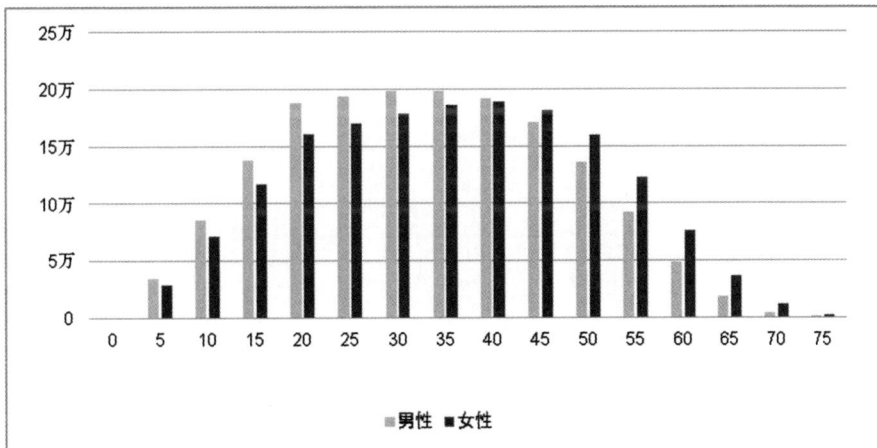

图 12　普通型终身寿险典型产品有效会计准备金

在考虑人数衰减的情况下，有效会计准备金呈现先上升后下降的趋势。保单前期的趋势与单位会计准备金趋势相似，随着保费的累积而快速增长。在保单中期，保费缴纳终止、赔付进入高峰，有效会计准备金水平处于高位。保单后期，受到有效人数衰减的影响，有效会计准备金稳步下降。

男性保单的有效会计准备金在前期高于女性保单、后期低于女性保单。这是由于前期男性单位会计准备金略高；而后期，由于男性前期死亡人数略多于女性，累积到某个时点后男性实际有效人数显著少于女性导致质变，虽然男性保单的单位会计准备金略高于女性保单，但男性保单的有效会计准备金略低于女性保单。

2. 首日利得率

普通型终身寿险典型产品模拟保单的保费收入构成如图 13 所示。男性保单和女性保单构成大体相似。

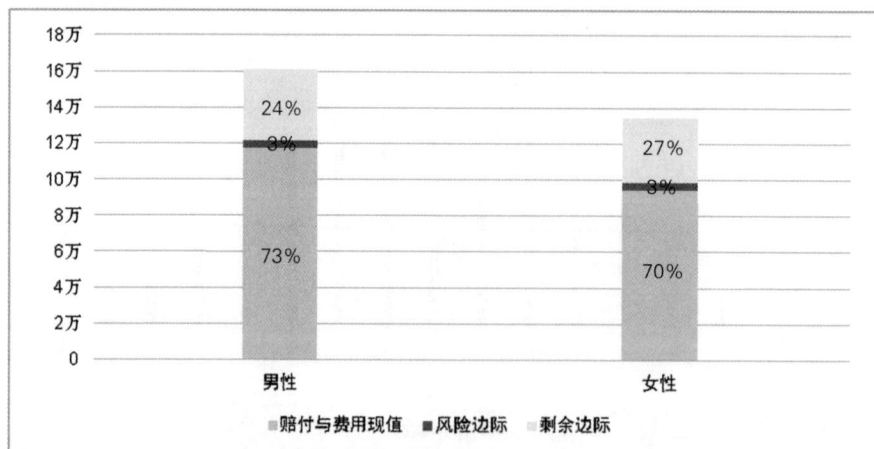

图 13　普通型终身寿险典型产品首日利得率及其余部分构成

对男性保单与女性保单而言，保险公司未来收到的保费收入的现值预期分别为 16.1 万元和 13.5 万元。其中，约 73% 和 70% 将通过赔付和费用的方式支出。剩余边际在保费收入现值中的占比，即首日利得率，分别为 24% 和 27%。剩余 3% 为用于应对不利情景的边际。

普通型终身寿险典型产品首日利得率与其他类型产品相比较高。一方面，此类产品保险期间为终身，保险公司在较长期间内需持续提供身故保障，因此需要通过较高的利润水平来对冲所承担的风险并维持保障。另一方面，此类产品的目标人群一般较为富裕，产品往往带有传承财富的性质，较高的件均保费摊薄了费用比例，因此首日利得率较高。

3. 预期利润释放趋势

模拟保单在发单时点存在首日利得，继而成为会计准备金中的剩余边际，根据发单时点选定的有效保单数量作为摊销载体，剩余边际在整个保险周期中逐步释放，形成对公司的利润贡献。

普通型终身寿险典型产品模拟保单的预期利润释放趋势如图 14 所示。

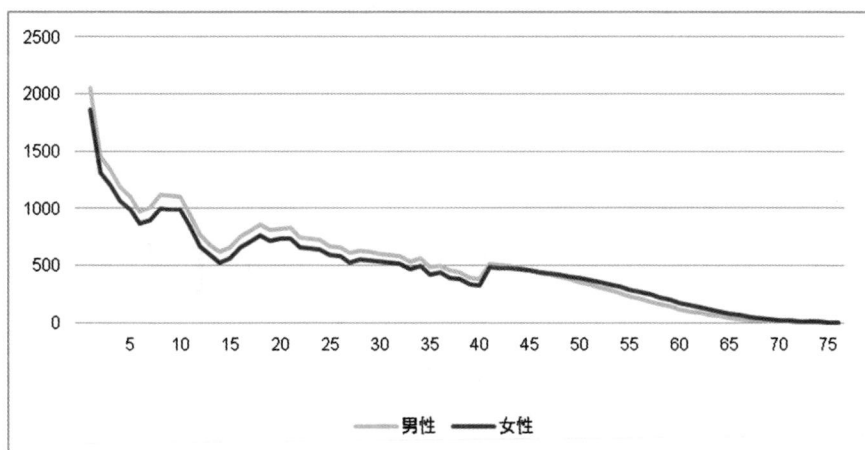

图 14　普通型终身寿险典型产品预期利润释放

模拟保单预期利润释放呈现前高后低的趋势。由于产品假设保单前期的退保率较高，因此有效保单数衰减较快，剩余边际释放较多；后期由于退保率较为平稳，因此剩余边际随有效人数衰减缓慢释放。

男性保单与女性保单的利润释放较为接近，男性保单利润释放在保单前期高于女性保单，在后期略低于女性保单。这与有效会计准备金趋势同因。

（五）偿二代一期监管规则

1. 偿二准备金的变动趋势

根据偿二代一期监管规则评估得到的偿二准备金，其变动趋势与会计准备金基本一致，但初始金额为负。偿二代一期监管规则下没有剩余边际的概念，允许发单时点出现负的准备金。由于模拟保单存在首日利得，因此初始偿二准备金为负。

普通型终身寿险典型产品模拟保单的单位偿二准备金趋势如图 15 所示。

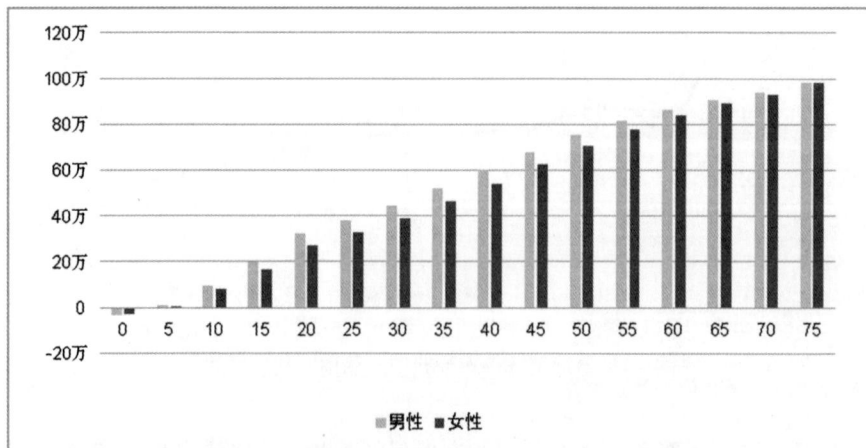

图 15　普通型终身寿险典型产品单位偿二准备金

对于一张从未出险的有效保单，其偿二准备金呈现逐年上升的趋势。男性保单与女性保单趋势一致，但男性保单的单位偿二准备金始终略高于女性保单。单位偿二准备金的变化趋势原因与单位会计准备金变化趋势原因相同。

普通型终身寿险典型产品模拟保单的有效偿二准备金趋势如图 16 所示。

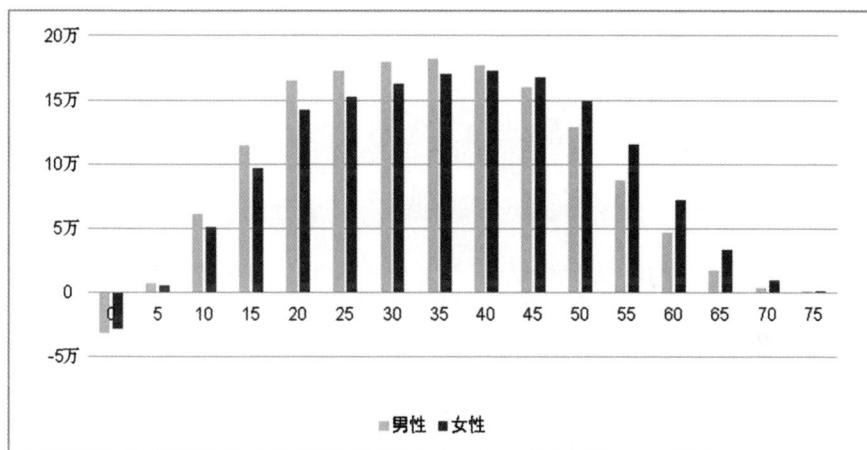

图 16 普通型终身寿险典型产品有效偿二准备金

在考虑有效人数衰减的情况下，模拟保单的有效偿二准备金呈现先上升后下降的变动趋势。男性保单的有效偿二准备金在前期高于女性保单、后期低于女性保单。有效偿二准备金的变化趋势与有效会计准备金同因。

2. 保险风险最低资本

普通型终身寿险典型产品模拟保单的单位保险风险最低资本占用趋势如图 17 所示。

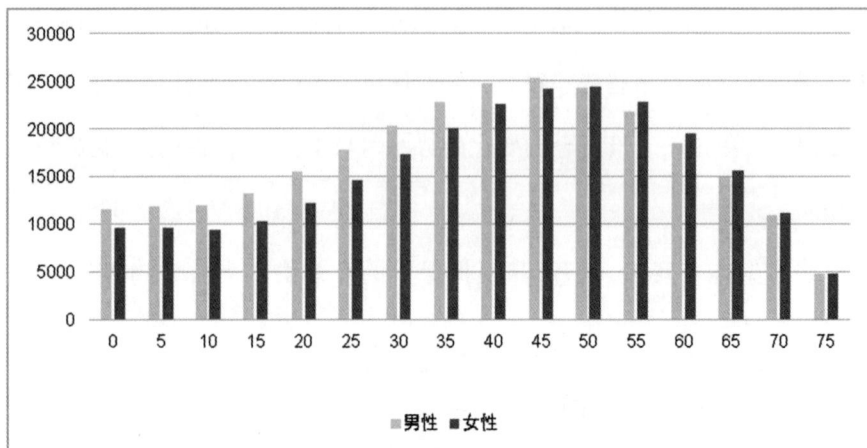

图 17 普通型终身寿险典型产品单位保险风险最低资本占用

资本占用呈现先上升后下降的趋势。对于普通型终身寿险典型产品而言，最主要的保险风险为死亡发生率风险。死亡发生率风险最低资本体现了保险公司承担的由死亡率浮动而带来的不确定性。在保单存续前期，随着被保险人年龄增长，死亡率上升，死亡赔付接近保额，死亡率浮动带来的不确定性更大，因此单位死亡发生率风险最低资本占用增加。在保单存续约 45 年后，由于剩余保险期间缩短，保险公司面临的现金流不确定性缩小，因此单位死亡发生率风险最低资本占用缓慢下降。

另外，保单前期也有一定程度的退保率风险和大规模退保风险最低资本占用，这是因为保单销售需要较高的获取成本，早于预期的保单脱退会使保险公司无法实现未来预期保费，导致亏损。但随着剩余保险期间的缩短，单位退保率风险和大规模退保风险最低资本占用下降。

由于男性死亡率整体高于女性，男性保单受死亡率浮动影响而产生的不确定性更加前置，因此男性保单的单位保险风险最低资本占用在保单中前期高于女性保单、在保单后期低于女性保单。

普通型终身寿险典型产品模拟保单的有效保险风险最低资本占用趋势如图 18 所示。

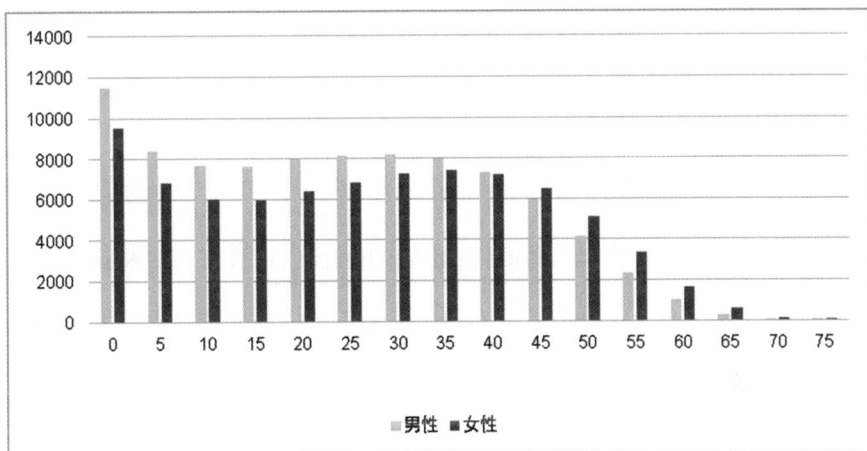

图 18　普通型终身寿险典型产品有效保险风险最低资本占用

在考虑有效人数的衰减后，有效保险风险最低资本占用整体呈现下降的趋势，仅在第 15—40 个保单年度有小幅抬升，这是因为单位保险风险最低资本占用在期间呈逐年上升的趋势。男性保单与女性保单的趋势对比原因同单位保险风险最低资本。

3. 首日溢额贡献率

普通型终身寿险典型产品模拟保单的首日溢额贡献情况如图 19 所示。

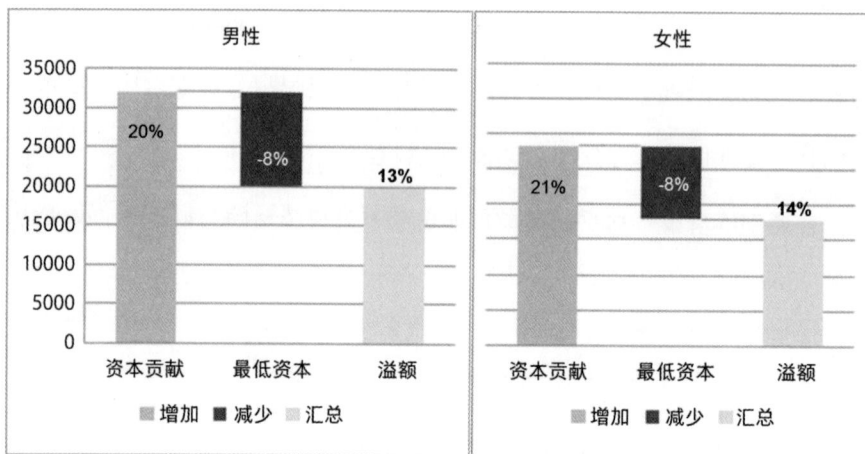

图 19　普通型终身寿险典型产品对实际资本的贡献或消耗与最低资本占用

普通型终身寿险典型产品的模拟保单在发单时点存在首日利得，对实际资本有贡献作用，同时最低资本占用水平较低，因此产品对公司的首日偿付能力溢额有贡献作用。以模拟保单的保费收入现值为单位测算，男性保单与女性保单的保费收入现值中分别有 20% 和 21% 为保单的首日利得，贡献实际资本；最低资本占用约为保费收入现值的 8%。综合来看，模拟保单的销售对公司在首日的偿付能力溢额有提升的作用，男性保单与女性保单对首日偿付能力溢额的贡献程度分别为 13% 和 14% 的保费收入现值。

相比其他产品，普通型终身寿险典型产品由于保障属性强，最低资本占用较高；但同时，产品的盈利能力也很强，因此对首日的资本与偿付能力溢额均有较大的贡献。

（六）新业务价值

1. 新业务价值率

由于普通型终身寿险典型产品保障属性较强、保险期间较长，因此保险公司通常会为这类产品留有较厚的利润边际来对冲高不确定性带来的高风险。

表 3　普通型终身寿险典型产品新业务价值率情况

性别	新业务价值	首年保费	新业务价值率
男性	17546	15810	111%
女性	15410	13160	117%

根据测算，如表 3 所示，男性保单与女性保单的新业务价值率分别为 111% 与 117%。与中国会计准则下的首日利得率和偿二代一期监管规则下的首日溢额贡献率指标表现一致，普通型终身寿险典型产品的新业务价值率与其他产品相比相对较高，体现了产品良好的盈利能力。但需要注意的是，新业务价值率与交费期密切相关，通常交费期越短、新业务价值率越低。

男性保单的新业务价值率略低于女性保单，这是因为男性死亡率整体略高于女性，因此女性保单成本略低，定价空间相对较大。

2. 可分配盈余与首年新业务压力

普通型终身寿险典型产品模拟保单的未来可分配盈余趋势如图 20 所示。

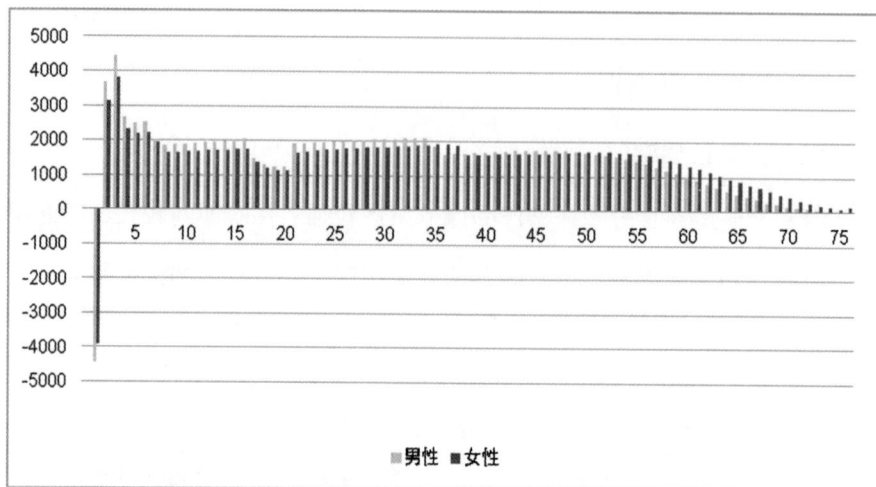

图 20　普通型终身寿险典型产品保单未来可分配盈余

　　由于保单首年的获取费用、佣金及手续费用和偿付能力额外资本要求较高，模拟保单在第一个保单年度盈余为负，即新业务为保险公司带来了会计利润冲击。在接下来的几个保单年度中，随着准备金的增长，偿付能力额外资本要求下降，释放出较多盈余。后续年份受到剩余边际与最低资本相互对冲作用的影响，偿付能力额外资本要求持续处于低位或为零，可分配盈余稳定。进入保单末期，有效保单数减少，可分配盈余也逐步减少。

　　男性保单与女性保单的未来可分配盈余较为接近。男性保单盈余在保单前期高于女性保单，在后期略低于女性保单。这与有效会计准备金趋势同因。

四、长期护理保险产品

（一）产品责任概况

本次测试选取的长期护理保险典型产品为附加险，保障长期护理状态责任，不保障身故责任。产品的保险期间为至 80 周岁的保单周年日或至 90 周岁的保单周年日，交费期间可选 3 年交、5 年交、10 年交、15 年交、20 年交。当被保险人在保险期间内因疾病（等待期为 180 日）或意外进入护理状态且持续至观察期结束（观察期为 180 日）后仍处于护理状态，保单将给付约定金额作为一次性给付护理保险金，约定金额为返还已交保费。同时，保单将在自责任触发之日起的每月初给付约定金额作为长期护理保险金，约定金额为基本保额。若被保险人在保险期间内、70 周岁前因意外伤害导致进入护理状态且持续至观察期结束后仍处于护理状态，保单将在责任触发之日起的每月初额外给付约定金额作为意外长期护理保险金，约定金额为基本保额。长期护理保险金最高给付期限为 36 个月。

（二）模拟保单情况

本次测试的模拟保单的基本保额为 1 万元，交费期间为 20 年，保险期间为至 90 周岁的保单周年日。模拟保单选取了 30 岁男性与 30 岁女性为被保险人，男性保单和女性保单的年交保费分别为 0.3 万元和 0.2 万元人民币。

（三）假设制定原则

基于假设制定的基本原则，中国会计准则下的准备金评估假设具体如下：

- 采用《中国人寿保险业经验生命表（2010—2013）》中的 CL5/6（2010—2013），即养老金业务表作为触发护理责任前、后的死亡率基础表，并参考行业一般水平的发生率经验分别制定经验乘数假设；

- 参考同业经验范围制定因疾病导致的护理状态发生率和因意外导致的护理状态发生率；

- 其余非经济假设（如退保率、费用、佣金等假设）考虑典型产品所属公司、渠道类型，采用对应的行业一般水平的假设制定；

- 根据监管规定确定折现率曲线，并假定折现率曲线及溢价水平在未来保持不变；

- 通货膨胀率假设采用行业一般水平确定；

- 不利情景假设考虑了死亡率、退保率和费用的不利情景；

- 评估中未考虑再保影响。

保险公司偿二准备金评估假设，是在会计准备金评估假设的基础上，遵循偿二代一期监管规则要求而调整和制定的。

新业务价值评估假设遵循行业评估标准制定，其中负债评估假设与偿二准备金评估假设保持一致，现金流等预测相关假设采用上述会计准备金评估假设。对投资收益、要求资本成本、股东资本成本等的考量，采用行业一般水平加以估计。

特别注意的是，由于国内市场上长期护理险产品并不多见，不管是产品数量、有效件数、理赔经验都还较少，因此上述发生率假设可能并不能反映风险的真实分布，也存在未来赔付恶化的可能。本节的各项评估结果可能随市场与时间的变化而变化。

（四）中国会计准则

1. 会计准备金的变动趋势

长期护理保险典型产品的保险期间为保至 90 岁，模拟保单投保年龄为 30 岁，保险期间为 60 年，交费期间为 20 年。其单位会计准备金趋势如图 21 所示。

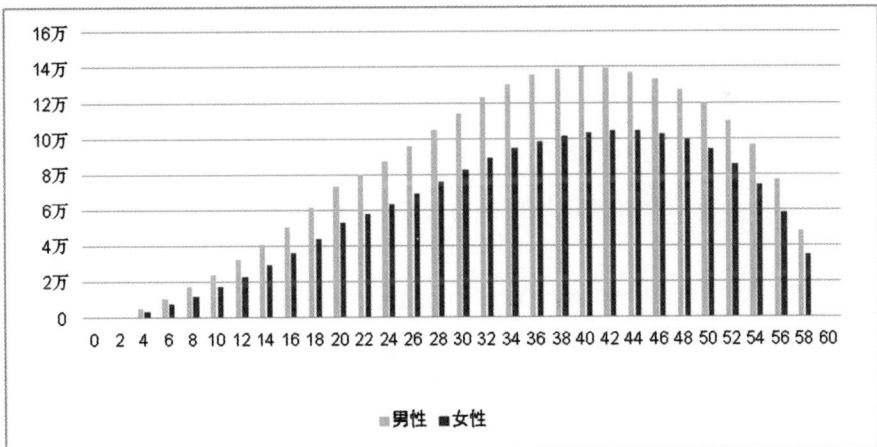

图 21　长期护理保险典型产品单位会计准备金

假设模拟保单从未出险，反映预期未来净赔付支出现值的单位会计准备金会随时间推移而先逐步上升后逐步下降。随着年龄增长，被保险人进入护理状态的概率均会增加，面临的未来赔付现值也会增大。因此，保单前期单位会计准备金不断累积，呈现上升的趋势。在前 20 个保单年度中，由于保费的进入，单位会计准备金累计速度高于 20 年后；但由于保费较低，因此差异并不明显。由于典型产品为附加护理险且不保障死亡责任，因此随着保单进入后期，剩余的责任给付将减少，单位会计准备金呈现下降的趋势。最后一个保单年度末的单位会计准备金回降至 0。

男性保单的单位会计准备金整体高于女性保单。这是因为保险期间内男性死亡率和男性因疾病导致的护理发生率均高于女性，且约为女性的两倍，男性因意外导致的护理发生率也在大部分年龄段高于女性。故男性保单的预期未来赔付靠前，单位会计准备金也被相应放大。

对模拟保单做从未出险的假设，实际上是排除了分析中对有效人数衰减的考虑。考虑人数衰减，相当于观测一组完全相同的模拟保单，其中部分模拟保单会在保险期间内因出险、退保或停交保费等原因而终止。有效会计准备金是考虑了人数衰减和单位会计准备金双重因素的准备金。

长期护理典型产品模拟保单的有效会计准备金趋势如图 22 所示。

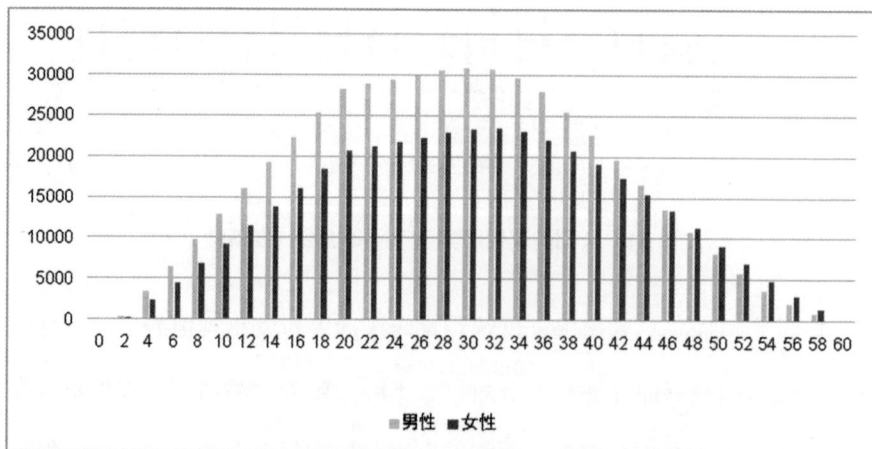

图22　长期护理保险典型产品有效会计准备金

在考虑人数衰减的情况下，有效会计准备金变化趋势与单位会计准备金变化趋势相同。但有效会计准备金的变化幅度有所减低，且高峰出现的时间点略有提前。这是因为随着有效人数的衰减，保单后期的有效人数减少，对应的会计准备金规模也有所下降。

男性保单的有效会计准备金在前期高于女性保单、后期低于女性保单。这是由于前期男性单位会计准备金略高；而后期，由于男性前期人数衰减略多于女性，累积到某个时点后男性实际有效人数显著少于女性导致质变，虽然男性保单的单位会计准备金略高于女性保单，但男性保单的有效会计准备金略低于女性保单。

2. 首日利得率

长期护理保险典型产品模拟保单的保费收入构成如图 23 所示。男性保单和女性保单构成大体相似。

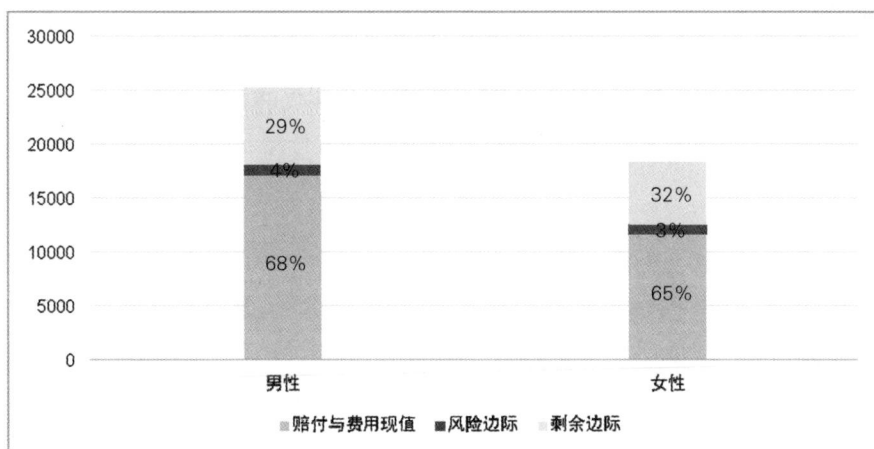

图 23　长期护理保险典型产品首日利得率及其余部分构成

对男性保单与女性保单而言，保险公司未来收到的保费收入的现值预期分别为 2.5 万元和 1.8 万元。其中，约 68% 和 65% 的保费收入现值将通过赔付和费用的方式支出。剩余边际在保费收入现值中的占比，即首日利得率分别为 29% 和 32%。剩余 4% 和 3% 为用于应对不利情景的边际。

长期护理保险典型产品首日利得率与其他类型产品相比处于中等偏高水平。此类产品保险期间较长，保险公司在此期间需持续提供护理责任，且被保险人在高龄阶段发生护理责任的概率大幅增加，因此需要通过较高的利润边际来对冲所承担的风险并维持保障。但同时，由于消费者对此类产品的接受度有限，因此产品的利润空间受到一定程度的限制。

3. 预期利润释放趋势

模拟保单在发单时点存在首日利得，继而成为会计准备金中的剩余边际，根据发单时点选定的有效保单数量作为摊销载体，剩余边际在整个保险周期中逐步释放，形成对公司的利润贡献。

长期护理保险典型产品模拟保单的预期利润释放趋势如图 24 所示。

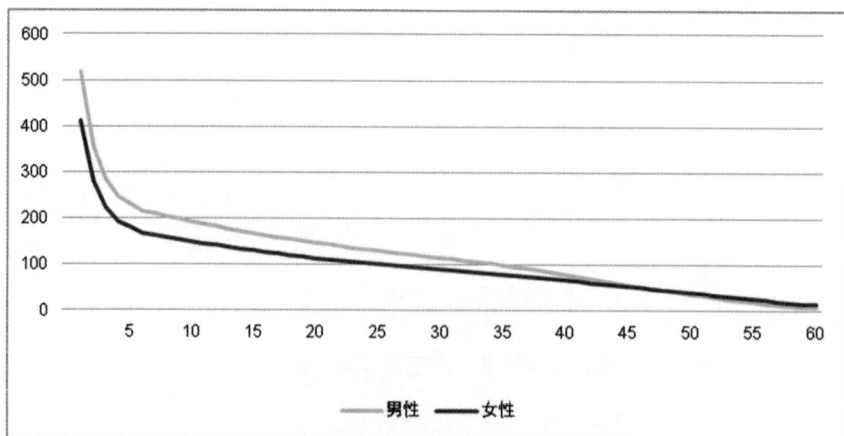

图 24 长期护理保险典型产品预期利润释放

由于模拟保单假设最初几年的退保率较高，因此有效保单衰减较快，剩余边际释放较高；后期退保率平稳，剩余边际随有效人数衰减缓慢释放。

男性保单的利润释放在保单前期明显高于女性，这是由于男性保单在发单时点的首日利得相比于女性保单较高。在保单后期，男性保单的利润释放略低于女性保单，这与有效会计准备金趋势同因。

（五）偿二代一期监管规则

1. 偿二准备金的变动趋势

根据偿二代一期监管规则评估得到的偿二准备金，其变动趋势与会计准备金基本一致，但初始金额为负。偿二代一期监管规则下没有剩余边际的概念，允许发单时点出现负的准备金。由于模拟保单存在首日利得，因此初始偿二准备金为负。

长期护理典型产品模拟保单的单位偿二准备金趋势如图 25 所示。

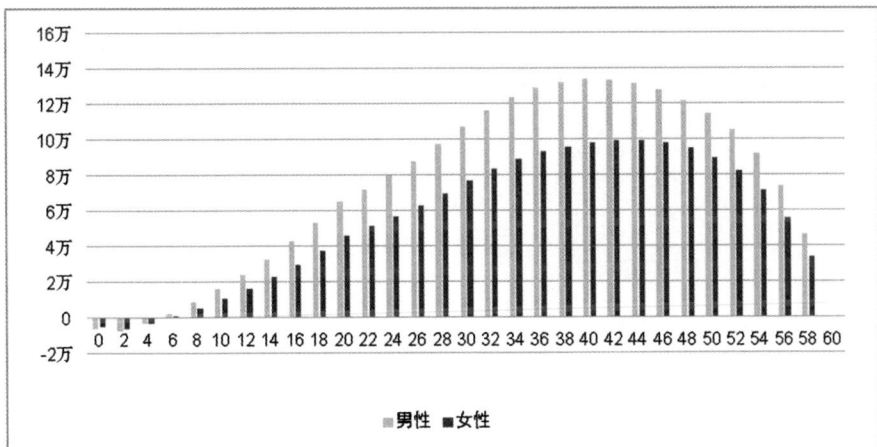

图 25 长期护理保险典型产品单位偿二准备金

对于一张从未出险的有效保单，其单位偿二准备金呈现先逐年上升后逐年下降的趋势。男性保单与女性保单趋势一致，但男性保单的单位偿二准备金整体高于女性保单。单位偿二准备金的变化趋势与单位会计准备金变化趋势同因。

长期护理典型产品模拟保单的有效偿二准备金趋势如图26所示。

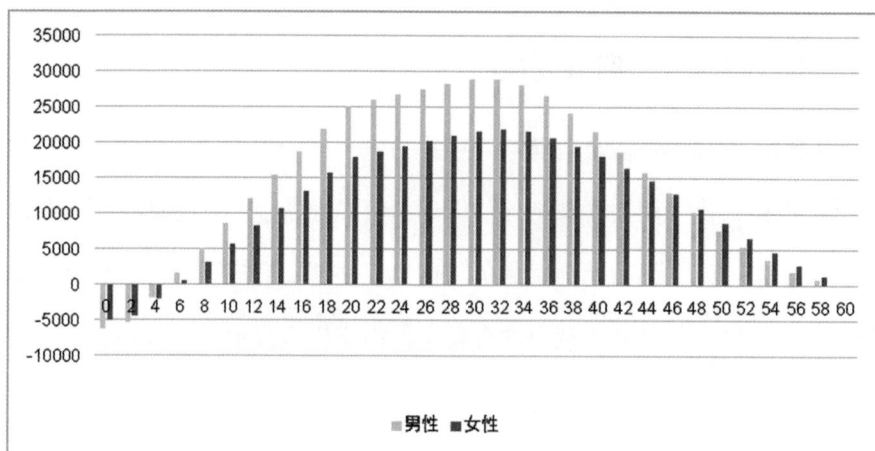

图26　长期护理保险典型产品有效偿二准备金

在考虑有效人数衰减的情况下，模拟保单的有效偿二准备金的趋势和单位偿二准备金相同，呈现先逐年上升后逐年下降的趋势。男性保单的有效准备金在前期高于女性保单、后期低于女性保单。有效偿二准备金的变化趋势与有效会计准备金同因。

2. 保险风险最低资本

长期护理保险典型产品模拟保单的单位保险风险最低资本占用趋势如图27所示。

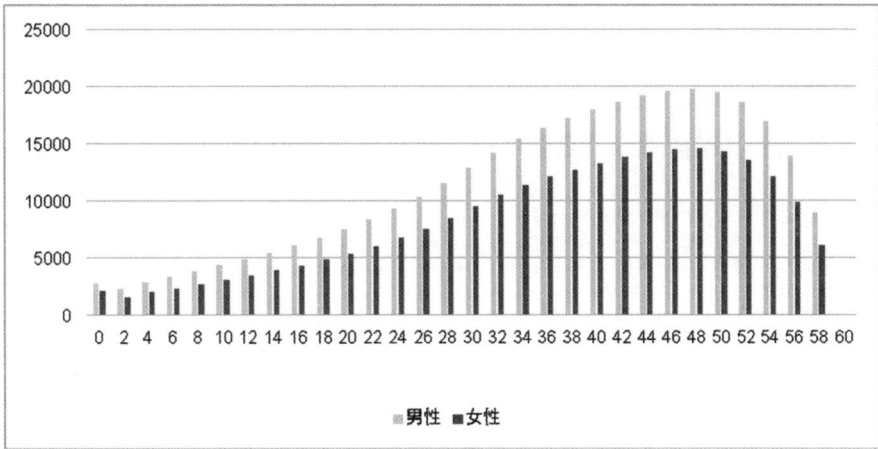

图 27 长期护理保险典型产品单位保险风险最低资本占用

资本占用呈现先上升后下降的趋势。对于长期护理保险典型产品而言，最主要的保险风险为医疗及健康赔付损失率风险。医疗及健康赔付损失率风险体现了保险公司承担的由护理发生率浮动而带来的不确定性。随着被保险人年龄增长，护理发生率上升，其浮动带来的不确定性更大，因此单位医疗及健康赔付损失率风险最低资本占用增加。在保单存续约 40 年后，由于剩余保险期间缩短，保险公司面临的现金流不确定性缩小，因此单位医疗及健康赔付损失率风险最低资本占用缓慢下降。

另外，长寿风险也产生了一定程度的最低资本占用。这是因为在死亡率改善的情景下，保险公司会面临更多的保单为未来触发护理责任，进而发生长期护理保险金的赔付。长寿风险最低资本占用呈现先上升后下降的趋势，与医疗及健康赔付损失率风险最低资本同因。

由于男性的死亡率和护理发生率整体高于女性，因此男性保单受死亡率和护理发生率浮动影响而产生的不确定性更加显著，男性保单的单位保险风险最低资本占用高于女性保单。

长期护理保险典型产品模拟保单的有效保险风险最低资本占用趋势如图 28 所示。

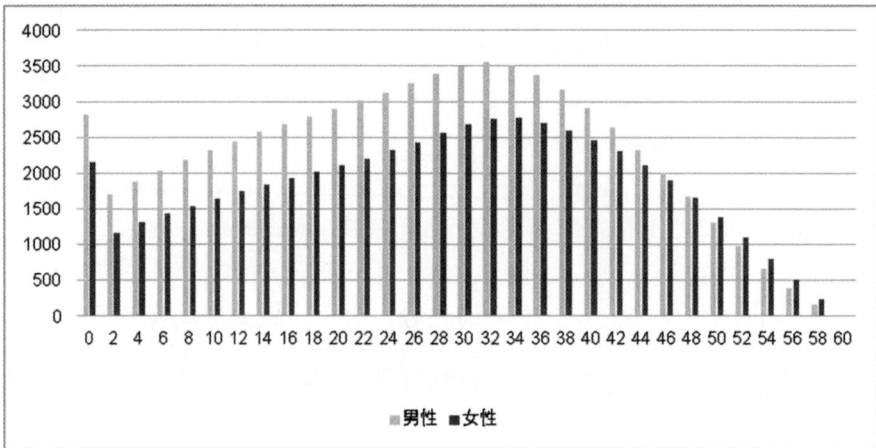

图 28　长期护理保险典型产品有效保险风险最低资本占用

在考虑有效人数的衰减后，有效保险风险最低资本占用首年较高，之后整体呈现先上升后下降的趋势。男性保单与女性保单的有效保险风险最低资本趋势对比，前期与单位保险风险最低资本同因；后期男性实际有效人数显著少于女性导致质变，男性保单的有效保险风险最低资本低于女性保单。

3. 首日溢额贡献率

长期护理保险典型产品模拟保单的首日溢额贡献情况如图 29 所示。

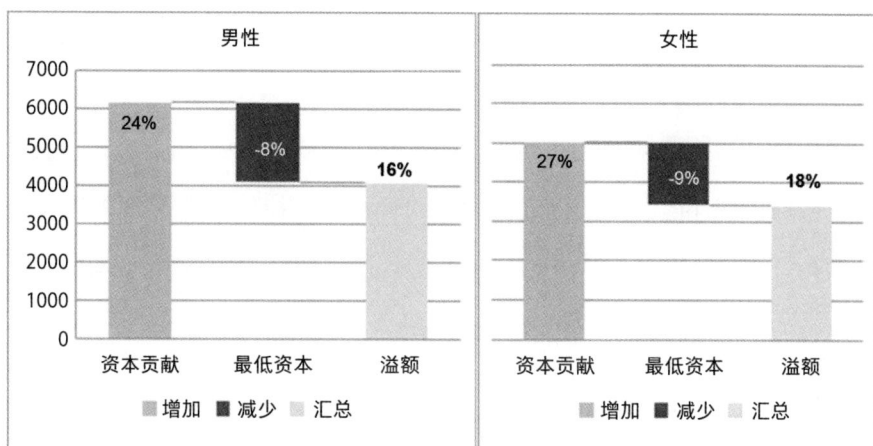

图 29　长期护理保险典型产品对实际资本的贡献或消耗与最低资本占用

长期护理保险典型产品的模拟保单在发单时点存在首日利得，对实际资本有贡献作用，同时最低资本占用水平较低，因此产品对公司的首日偿付能力溢额有贡献作用。以模拟保单的保费收入现值为单位测算，男性保单与女性保单的保费收入现值中分别有 24% 和 27% 为保单的首日利得，贡献实际资本；男性保单与女性保单的最低资本占用分别为保费收入现值的 8% 与 9%。综合来看，模拟保单的销售对公司在首日的偿付能力溢额有提升的作用，男性保单与女性保单对首日偿付能力溢额的贡献程度分别为 16% 和 18% 的保费收入现值。

相比其他产品，长期护理保险典型产品由于保障属性强，最低资本占用较高；但同时，产品的盈利能力也很强，因此对首日的资本与偿付能力溢额均有较大的贡献。

（六）新业务价值

1.新业务价值率

长期护理保险典型产品通常保障属性强，模拟保单的保险期间为60年，相对较长，保险公司通常会为这类产品留有较厚的利润边际来对冲高不确定性带来的高风险，因此其新业务价值率较高。

表4　长期护理保险典型产品新业务价值率情况

性别	新业务价值	首年保费	新业务价值率
男性	2856	2911	98%
女性	2249	2107	107%

如表4所示，男性保单与女性保单的新业务价值率分别为98%和107%。相比会计准则下的首日利得率与偿二代一期监管规则下的资本贡献率，长期护理保险典型产品在价值指标下同样体现了显著的盈利能力。但需要注意的是，新业务价值率与交费期密切相关，通常交费期越短，新业务价值率越低。

2.可分配盈余与首年新业务压力

长期护理保险典型产品模拟保单的未来可分配盈余趋势如图30所示。

由于保单首年的获取费用、佣金及手续费用和偿付能力额外资本要求较高，模拟保单在第一个保单年度盈余为负，即新业务为保险公司带来了会计利润冲击。在接下来的几个保单年度中，随着准备金的增长，偿付能力额外资本要求下降，释放出较多盈余。后续年份受到剩余边际与最低资本相互对冲作用的影响，偿付能力额外资本要求持续处于低位或为零，可分配盈余较为稳定。进入保单中期，随着保单积累了大量的准备金，投资收益对可分配盈余的贡献增加。保单末期，随着有效保单数减少，可分配盈余也逐步减少。

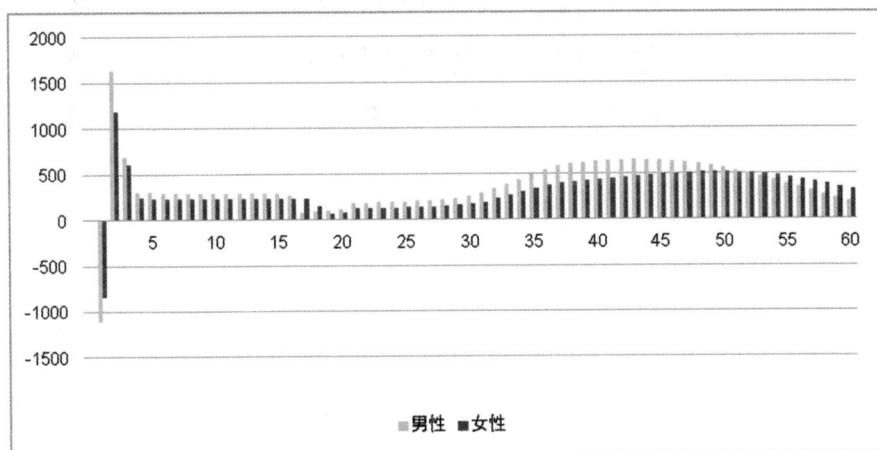

图 30　长期护理保险典型产品保单未来可分配盈余

男性保单盈余整体高于女性保单，这与有效会计准备金趋势同因。

五、偿二代二期影响分析

随着保险公司偿付能力监管规则（Ⅱ）的发布，保险公司于 2022 年一季度起，正式执行偿二代二期监管规则。偿二代二期规则的主要变化包括以下六个方面：

- 评估假设变化，涉及死亡发生率假设上下限、重疾率假设下限、退保率假设下限以及维持费用假设下限；

- 风险边际计量方法变化，由一期下的情景对比法变更为二期下的分位点法，二期下风险边际的变化趋势紧随保险风险最低资本变化趋势；

- 对于分红保险、万能保险和变额年金保险，TVOG 载体与因子维度变化；

- 保险风险部分子风险的不利情景因子变化，如死亡发生率风险、退保率风险等；

- 增加疾病恶化趋势风险；

- 意外死亡风险由一期下归属于医疗及健康赔付损失率风险，变化为二期下归属于死亡相关风险；等等。

本节将就偿二代一期和偿二代二期下各时点准备金和发单时点的保险风险最低资本变化进行简要分析。其中，典型产品及其采用的评估假设与前期测试一致，测试保单仅选取各典型产品测试中的男性保单作为示例。

（一）偿二准备金趋势对比

偿付能力监管规则切换对偿二准备金的影响主要体现在：1）发生率监管限制的变化；2）折现率曲线的变化；3）风险边际计量方法的变化。由于发生率监管限制的变化对大部分保险产品的偿二准备金影响较小，同时风险边际在偿二准备金中占比较小，因此监管规则切换对大部分保险产品的偿二准备金的影响很小，二期下偿二准备金趋势及原因与一期基本一致。以男性保单为例，监管规则切换对偿二准备金评估的影响如下图31—36 所示。

1. 定期寿险

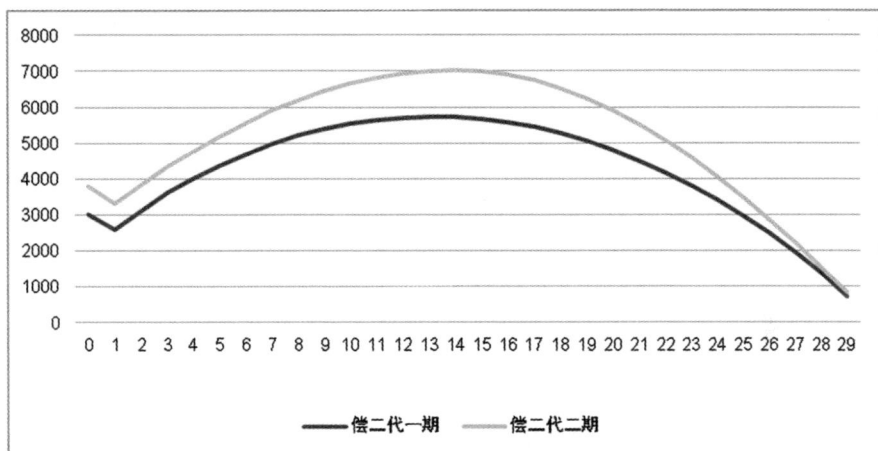

图 31 定期寿险典型产品测试保单有效偿二准备金

定期寿险典型产品测试保单的有效偿二准备金在二期下整体高于一期。由于测试保单的死亡发生率在部分期间触及监管下限，因此受监管下限变化影响。死亡发生率假设监管下限的基础表由一期下的 CL1/2（2000—2003）切换为了二期下的 CL1/2（2010—2013），不同年龄段有升有降，最终对此测试保单的整体影响是二期下死亡发生率整体高于一期，因而偿二准备金呈上升趋势。请注意，此变化趋势可能因为测试保单的性别、年龄和保单期限长短而不同。

2. 普通型终身寿险

普通型终身寿险典型产品测试保单的有效偿二准备金在偿二代一期与二期下趋势基本一致。在保单前期，受折现率曲线变动影响，二期下偿二准备金略低于一期。在保单后期，受到风险边际计量方法变化影响，二期下偿二准备金略高于一期。

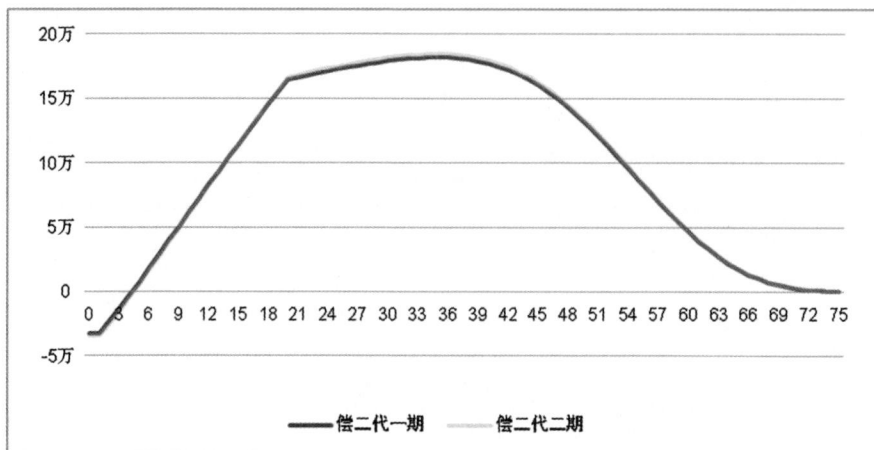

图 32　普通型终身寿险典型产品测试保单有效偿二准备金

3. 增额型终身寿险

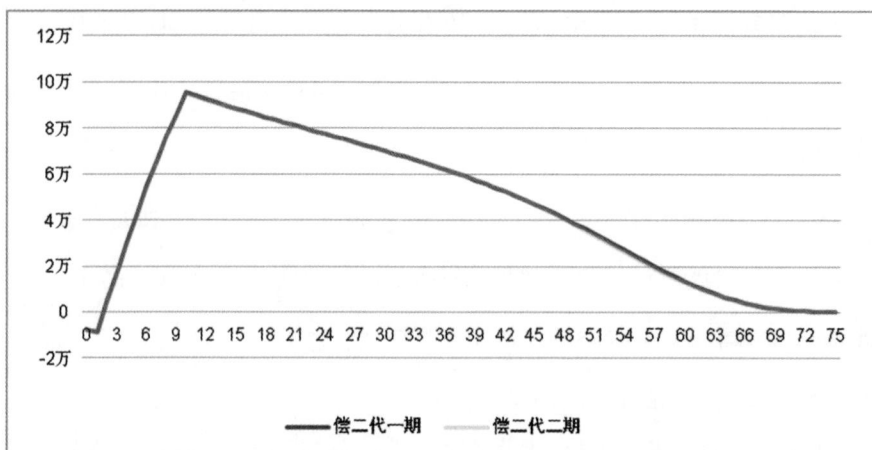

图 33　增额型终身寿险典型产品测试保单有效偿二准备金

　　增额型终身寿险典型产品测试保单的有效偿二准备金在二期下整体略低于一期。在保单前期，主要受到折现率曲线变动的影响；保单后期，则是由于死亡率的监管限制变动影响。

4. 年金保险

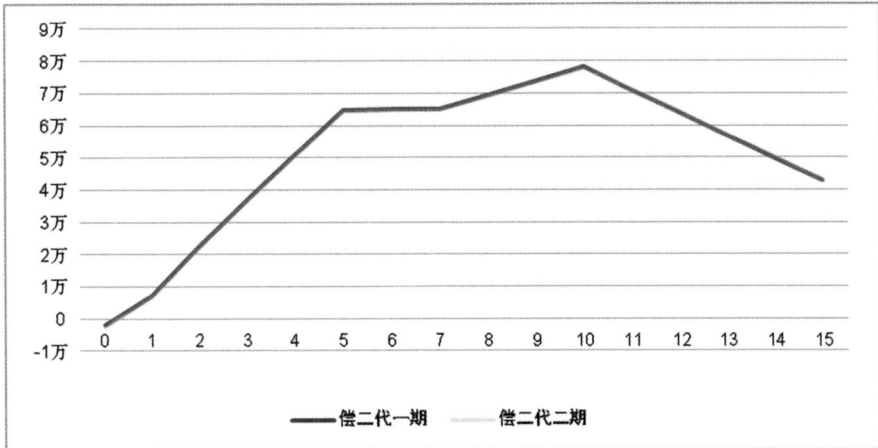

图 34　年金保险产品测试保单有效偿二准备金

年金保险典型产品测试保单的有效偿二准备金在二期下整体略低于一期，这主要受到风险边际计量方法影响。

5. 重大疾病保险

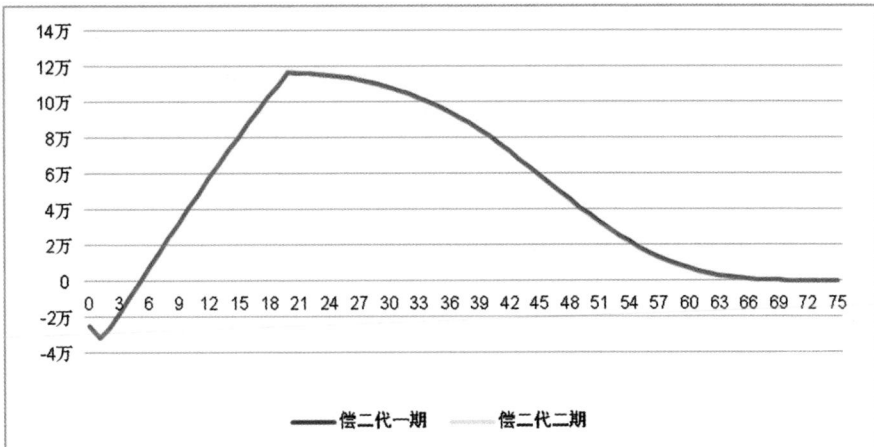

图 35　重大疾病保险典型产品测试保单有效偿二准备金

重大疾病保险典型产品测试保单的有效偿二准备金在二期下整体略低于一期。在保单前期，主要受到折现率曲线变动的影响；保单后期，则是由于死亡率的监管限制变动影响。

6. 长期护理保险

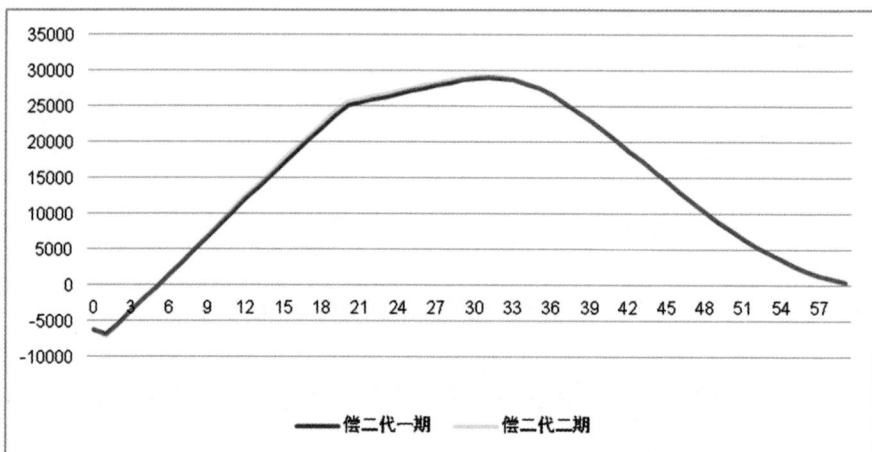

图 36　长期护理保险典型产品测试保单有效偿二准备金

长期护理保险典型产品测试保单的有效偿二准备金在二期下整体略高于一期，这主要受到来自死亡率假设监管限制变化与风险边际计量方法变化的共同影响。

（二）保险风险最低资本对比

监管规则切换对发单时点的保险风险最低资本评估的影响（以男性保单为例）如下图 37—42 所示。可以看出，在偿二代二期下，保险风险最低资本整体有所增加；这是由于测算保单的死亡、退保、疾病等风险的不利情景，在一期下选取了较小值，与二期要求的不利情景相比较低。另外，重大疾病保险典型产品受新增疾病趋势风险影响，疾病风险最低资本有较大幅度的增加。

1. 定期寿险

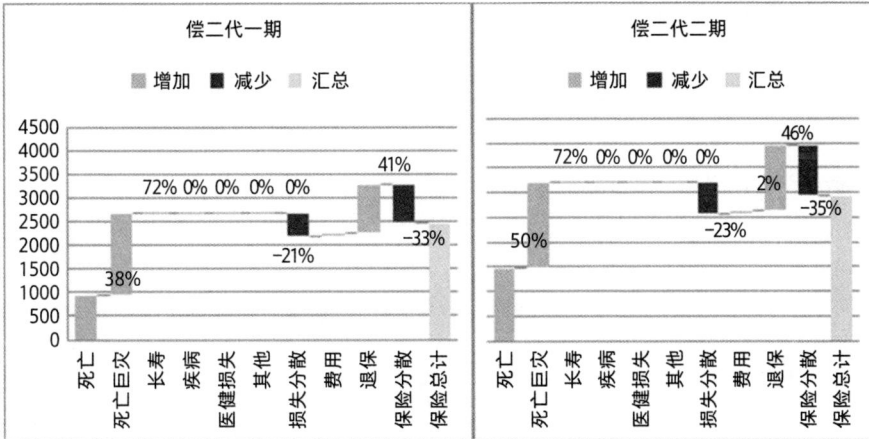

图 37　定期寿险典型产品测试保单发单时点保险风险最低资本分解

定期寿险典型产品测试保单的死亡发生率风险最低资本在偿二代二期下有所增加。这是因为，一期下测试保单选用了 10% 作为不利情景因子，而二期规则统一为使用 15%，不利情景因子的增加导致最低资本占用增大。请注意，由于偿二代一期下死亡发生率风险的不利情景因子有 10%、15%、20% 三种，上述最低资本的变化会因偿二代一期下采用因子不同而不同。其他产品死亡发生率风险最低资本变化同理。

测试保单退保风险最低资本的增加来自退保率下降风险，这是由于定期寿险在偿二代一期下发单时点的资本贡献为负，当退保率下降时保险公司承受损失。当切换到偿二代二期下时，受到死亡率假设监管限制改变的影响（详见准备金部分描述），保单在偿二代二期下发单时点的资本贡献进一步为负，因此虽然偿二代二期在计算退保风险最低资本时退保率下降幅度和偿二代一期相同，保险公司承受的损失也更多，导致二期下退保风险最低资本增大。

2. 普通型终身寿险

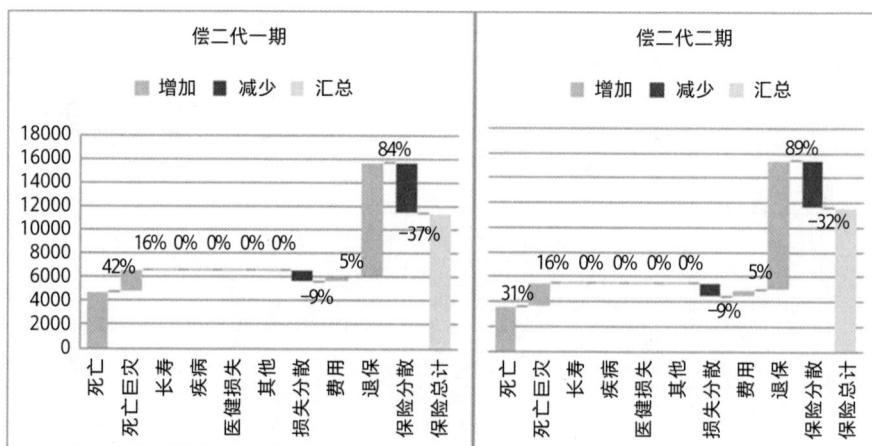

图 38　普通型终身寿险典型产品测试保单发单时点保险风险最低资本分解

普通型终身寿险典型产品测试保单的死亡发生率风险最低资本在偿二代二期下有所降低。这是因为，一期下测试保单选用了 20% 作为不利情景因子，而二期规则统一为使用 15%，不利情景因子的减小导致最低资本占用下降。

测试保单退保风险最低资本的增加来自大规模退保风险，主要受到了折现率曲线生成方法调整的影响。

3. 增额型终身寿险

增额型终身寿险典型产品整体受监管要求变化影响较小，仅大规模退保风险最低资本略有增加，这主要是受到折现率曲线生成方法调整的影响。

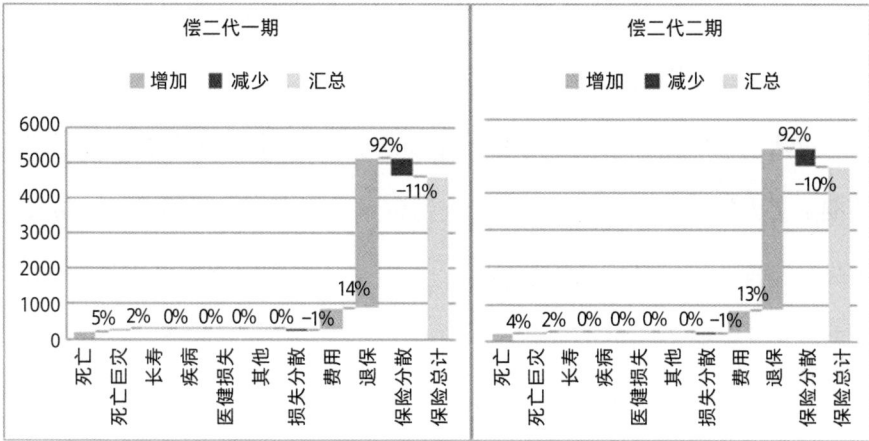

图 39　增额型终身寿险典型产品测试保单发单时点保险风险最低资本分解

另外，测试保单在一期下选用 20% 作为死亡发生率风险不利情景因子，而二期规则统一为使用 15%，不利情景因子的减少导致死亡发生率风险最低资本占用有小幅的下降。

4. 年金保险

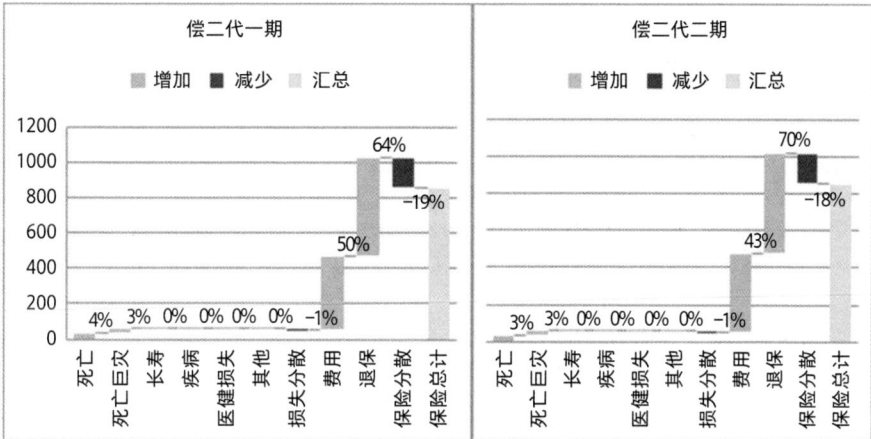

图 40　年金保险典型产品测试保单发单时点保险风险最低资本分解

年金保险典型产品由于保险期间短、保障属性弱、资本占用低，因此受偿二代二期准则变化的影响较小。

由于典型产品在偿二代二期下适用的每保单维持费用假设监管限制较一期下有大幅下降，因此费用风险最低资本有小幅下降。同时，费用假设下降的情况下，保单在未来的盈利能力更强，当出现大规模退保情景时，保单受到的不利影响更大，大规模退保风险最低资本占用增加。

另外，测试保单在一期下选用 20% 作为死亡发生率风险不利情景因子，而二期规则统一为使用 15%，不利情景因子的减少导致死亡发生率风险最低资本占用有小幅下降。

5. 重大疾病保险

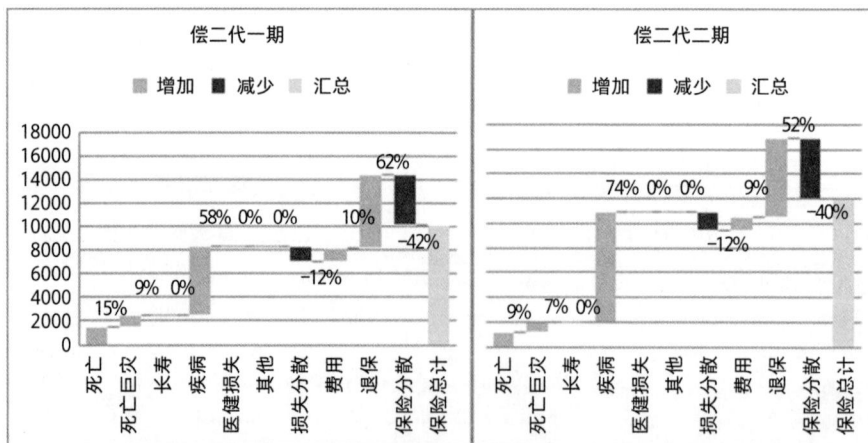

图 41　重大疾病保险典型产品测试保单发单时点保险风险最低资本分解

重大疾病保险典型产品在偿二代二期下，疾病风险最低资本有明显增加，这是因为二期下新增疾病趋势风险，增加了疾病发生率恶化对最低资本的占用。

另外，测试保单在一期下选用 20% 作为死亡发生率风险不利情景因子，而二期规则统一为使用 15%，不利情景因子的减少导致死亡发生率风险最低资本占用减小。

6. 长期护理保险

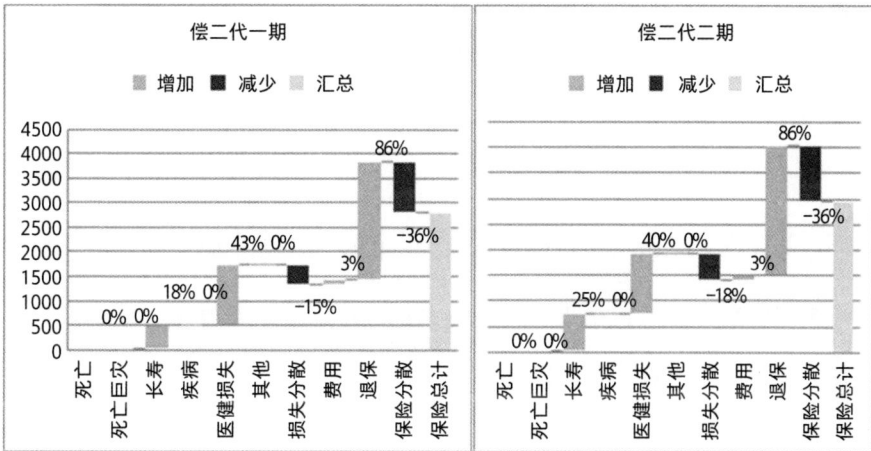

图 42　长期护理保险典型产品测试保单发单时点保险风险最低资本分解

长期护理保险典型产品测试保单的长寿风险最低资本在偿二代二期下有所增加，这是由于二期规则下，长寿风险不利情景因子作用时间加长、不利程度加深。

测试保单退保风险最低资本也呈现一定程度的增加，主要来自大规模退保风险，是受到折现率曲线生成方法调整的影响。

六、总结

以上为三款典型的年金保险、普通型终身寿险与长期护理保险产品在中国会计准则、偿付能力监管规则和价值体系下的保单测试表现，以及六款典型的定期寿险、普通型终身寿险、增额型终身寿险、年金保险、重大疾病保险与长期护理保险产品的准备金和保险风险最低资本受偿付能力监管规则切换的影响分析。

从消费者角度出发，年金保险、增额型终身寿险等产品为客户提供较强的储蓄属性，贴合了客户的投资需求。同时，定期寿险、普通型终身寿险、重大疾病保险与长期护理保险等高保障产品能够更好地服务于消费者的保险保障需求。在监管"保险姓保"的引导下，保险公司逐渐转型，竞争着眼于客户需求。

从保险公司角度出发，普通型终身寿险、重大疾病保险等高价值产品，是推动保险公司价值转型的主力产品。随着保险公司的管理精细化，多数公司正在向价值导向转型，追求有价值可持续的高质量发展。年金保险、增额型终身寿险等规模型产品，则可帮助公司保持规模稳定，并依赖足够的保费规模覆盖固定成本，支持公司渠道进行持续性的建设。

在偿付能力监管规定下，普通型终身寿险、重大疾病保险等产品，由于保障属性强，保险风险最低资本占用较高；但同时，产品的盈利能力也很强，因此对首日的资本与偿付能力溢额均有较大的贡献。而年金保险等储蓄型产品实际转移给保险公司的风险较低，因此保险风险最低资本占用程度较小。

随着偿二代二期的实施，监管规则进行了全面的优化和升级，包括通过完善最低资本计量方法与考虑因素引导回归保障本源、通过完善资本定义与计量原则防范并化解保险业风险以及通过完善部分实际资本和最低资本的计量标准增强服务实体经济质效等一系列举措。具体到产品层面，受到新增重疾趋势风险的影响，重大疾病保险产品的保险风险最低资本有明显上升。受二期下增加资本按期限分级要求的影响，保单未来盈余对核心资本的贡献下降，额外偿付能力要求资本上升，这可能导致普通型终身寿险、重大疾病保险、长期护理保险等盈利能力较强的产品的价值贡献作用减弱。此外，偿二假设监管限制调整、风险边际计量方法变更、折现率曲线变动等因素对偿二准备金也有较小程度的影响。

在当前的保险市场中，保险业务规模稳定发展，产品种类不断多样化创新。保险产品的多样化，既满足了消费者多样化的需求，也迎合了保险公司多样化的战略发展诉求。随着保险市场的多元化发展与偿付能力监管规则的全面升级，未来保险公司将综合市场与客户策略、公司发展战略、业务经营情况、产品线资本占用与消耗等多方面要素统一考虑业务结构，实现高质量、可持续发展。

专题报告二
长期护理保险的国际经验研究

一、概述

自 20 世纪中后期以来，人口老龄化逐步成为世界范围关注的重要问题，除人口结构变化、社会福利支出增长等一系列影响外，年龄增长带来机能衰退致使社会面临的"失能老龄化"是又一不可回避的严重问题。同时，不仅是老龄人群，中青年人群也会面临由各类疾病或意外导致的失能风险，由此引发了各年龄层面对于护理需求的快速上升。

"护理"是一个社会性问题，很难单一依靠家庭或社会组织的力量得到系统性和全面化解决，需要国家层面的干预和支持，原因有三：一是，护理涉及人群范围较广，不仅是老年人口的护理，还涉及中青年人群；二是，人口老龄化也带来抚养比的上升，由此带来了失能人口的单位护理成本上升，"抚养比上升"与"失能老龄化"相互作用并陷入恶性循环；三是，家庭照护的负担和成本过重，需要社会化解决方式，此外，家庭照护因专业性缺失而存在照料不当的问题，长期来看也可能会使照料者失去正常工作和生活，从而造成了更大的福利损失。

因而，世界范围内，政府在护理保障方面扮演了重要角色，目前国际对于长期护理保障的模式可分为政府主导型和社商融合型两类发展模式。其中，政府主导型以德国、日本为代表，社商融合型则以美国、新加坡、法国为代表，具体见下文分析。

二、政府主导型：以德国、日本为例

（一）德国：强制性社保下的护理全民覆盖 ①

1. 德国长护制度立法历程与现状

1994 年，德国颁布《长期护理保险法案（*Pflege-Versicherungsgesetz*）》，长期护理保险制度于 1995 年 1 月起正式实施，使得德国成为世界上第一个将长期护理保险设立为独立险种纳入社会保障的国家。

2015—2017 年，德国三部护理保险加强法案（Pflegestärkungsgesetz，PSG）相继生效。PSG Ⅰ 引入了新的措施以帮助被护理者及其亲属，并支持护理人员的工作；PSG Ⅱ 的核心则是引入了新的长期护理需求概念和新的评估工具，之前的三个护理级别被五个护理级别所取代，并进一步扩大了长期护理保险的保障范围；PSG Ⅲ 加强了地方各市的护理咨询，需要护理服务的人及其亲属将从单一来源获得建议，并进一步加强了控制措施，以使被护理者及其亲属免受欺诈。

---

① 本章节中的数据及资料源于德国联邦卫生部，https://www.bundesgesundheitsministerium.de/。

2.德国长护制度保障范围

根据法案规定，所有参与医疗保险的人群均要参加长期护理保险，且明确规定 18 周岁以上的公民必须参加长期护理保险，未成年人跟随其父母参保。

然而，德国长护法案的强制性并未限定参保类型，社保长护和商保长护至少参与其一即可。

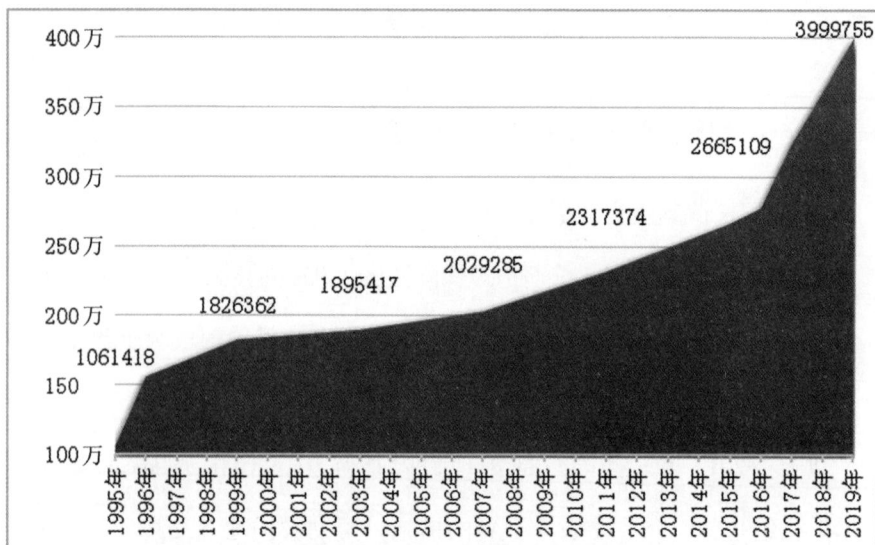

图 1　德国社保长护受益人数量发展情况（单位：人）

由图 1，1995 年德国开始建立长期护理保险制度时，约有 106 万人申请福利，随后逐年增长；直至 2015 年约有 267 万人已经有权获得福利；2016 年，PSG Ⅱ扩大了保障范围，更多的人被纳入进来；直至 2019 年已有近 400 万人被认为需要护理，占到了总参保人数的 5.46%[①]。

①注：2019 年，约有 7330 万人参加了德国社保长护，占到了总人口的 89%。

从德国长护申请比例来看，75 岁之前，性别对于护理发生率的影响
并不显著。75 岁开始，女性的护理率显著高于男性，主要原因在于男性
的预期寿命较短，具体见图 2。

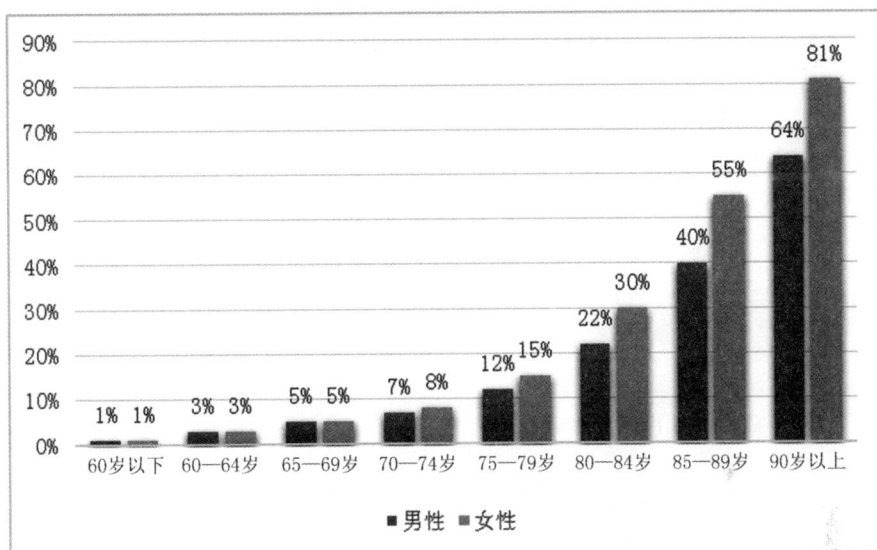

图 2　2019 年德国长护各年龄段分性别长期护理申请比例

3. 德国长护制度筹资机制

从德国社保长护来看，资金由政府、雇主和个人三方同比例共担。
2015—2019 年，一方面受到 PSG 法案扩大保障人群的影响；另一方面是
由于医疗通胀，长护基金支出增长了 50%，2019 年总支出达到 440 亿元。
为了应对不断增长的支出，缴费率必须逐年提高，从 1996 年的 1.7% 提高
到 2015 年的 2.35%，直至 2019 年已提升至 3.05%，2019 年基金总收入超
过 470 亿欧元。

另一方面，德国长护还存在着一些优惠政策，具体见表 1。

表 1 德国长期护理保险优惠政策

人　群	优惠政策
无收入者（含无固定收入者）	免除缴费义务，随家庭主要收入者同步参保
未成年人	免除缴费义务，随父母同步参保
低收入者	缴费随收入降低而降低，由雇主承担降低部分的缴费 当雇员收入低于一定水平时，由雇主完全负担缴费
失业及社会救助人员	失业保险机构及社会福利机构承担缴费

此外，需要说明的是，德国长护对于无子女的参保人有 0.25 个百分点的缴费附加费率，即从 2019 年的缴费率来看，无子女参保人实际缴费率为 3.3%。

4.德国长护制度失能评估

由前文述，当前德国长护失能评估是基于 PSG II 对长期护理需求的新概念以及依托于新评估工具的新护理级别分级。

依据加强法案和新的标准，护理需求的严重程度（即失能程度）由六个生活领域（模块）的独立性或能力限制来决定，具体见表 2。

表 2 德国社保长护失能程度评定六模块及评分赋权

编号	模块	赋权
1	移动能力	10%
2	认知和沟通能力	15%
3	行为和精神健康问题	
4	自理能力	40%
5	应对和独立处理由疾病或治疗引起的要求和压力	20%
6	日常生活组织和社交	15%

表2即是前述德国社保长护新评估工具的底层逻辑，其对六模块进行了不同比重的赋权。"移动能力"、"自理能力"、"日常生活组织和社交"模块从"独立"到"依赖"进行四级评分；"认知和沟通能力"模块依托"存在"和"不存在"的程度来评估；"行为和精神健康问题"、"应对和独立处理由疾病或治疗引起的要求和压力"模块则根据 SGB XI 第15节附件1[①]的要点进行评估。

经过综合评估后会区分五个护理等级，具体见表3。

表3　德国社保长护护理等级

等级	程度	分数
护理等级 1	独立性或能力的轻微损伤	12.5—27 分（不含）
护理等级 2	独立性或能力受到相当大的伤害	27—47.5 分（不含）
护理等级 3	独立性或能力严重受损	47.5—70 分（不含）
护理等级 4	最严重的独立性或能力受损	70—90 分（不含）
护理等级 5	最严重的独立性或能力受损，且对护理有特殊要求	90—100 分

5. 德国长护制度护理服务与支付

从大分类来看，德国社保长护主要分为居家护理和住院护理，且居家护理在60岁前占到了极高比重，随着年龄增加，住院护理的比例有所上升，但居家护理依旧是护理福利申请人的主流选择，具体见图3。

---

① SGB XI是德国关于长期护理保险制度的法律，http://www.gesetze-im-internet.de/sgb_11/。

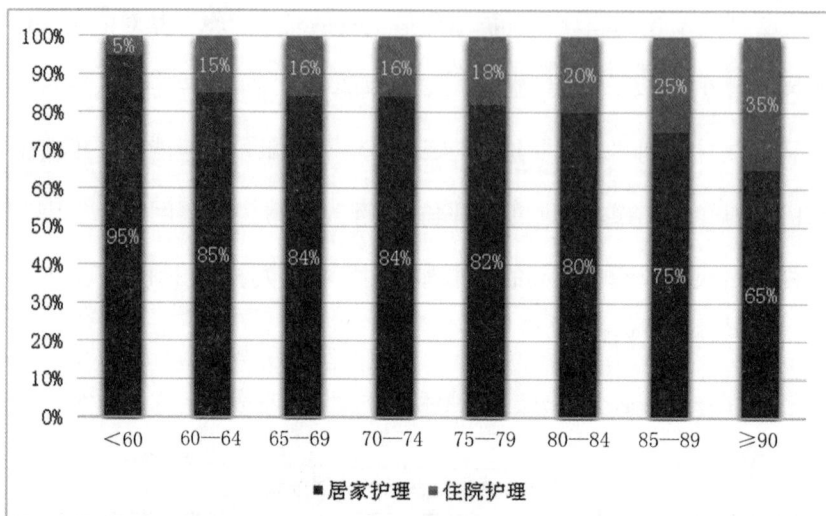

图3　2019年德国社保长护居家护理与住院护理分年龄段情况

德国社保长护的服务申请又可以细分为九项，具体见图4。

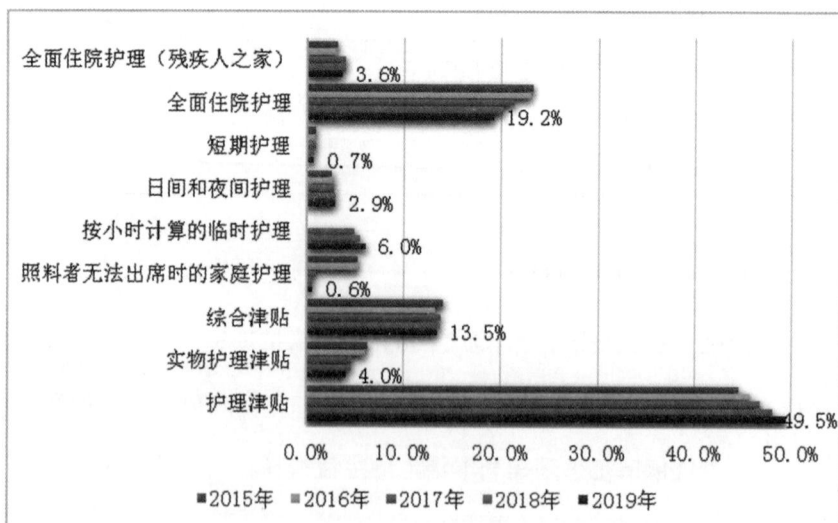

图4　德国长期护理服务类型及使用占比 ①

_____

① 注：图中所列明的数字为2019年的情况。

其中，津贴是申请人的主流选择，2019 年津贴申请占比 67%，其中包括直接的现金给付（即护理津贴）、实物形式给付的津贴以及二者相结合的综合津贴。但这会给监管带来很严峻的挑战，即护理津贴是否未被侵占而是真正用到了护理之上。对于护理而言，服务相比于经济补偿更为关键，若监管在此方面缺位，则会在一定程度上失去制度原本的意义。

在失能等级层面，护理等级 2 在居家护理中占到了较大比重，住院护理则主要集中在护理等级 2 至护理等级 4，具体见表 4。

表 4　2017—2019 年德国社保长护失能等级享受服务情况[①]

		2017 年		2018 年		2019 年	
		人数	占比	人数	占比	人数	占比
居家护理	等级 1	195654	5.51%	354105	9.03%	457451	10.76%
	等级 2	1342775	37.82%	1459986	37.24%	1544254	36.32%
	等级 3	750985	21.15%	832592	21.24%	898701	21.14%
	等级 4	310975	8.76%	319735	8.16%	322701	7.59%
	等级 5	118996	3.35%	118779	3.03%	115294	2.71%
	小计	2719385	76.59%	3085197	78.70%	3338401	78.52%
住院护理	等级 1	4388	0.12%	5067	0.13%	5202	0.12%
	等级 2	194499	5.48%	187260	4.78%	207785	4.89%
	等级 3	256647	7.23%	272772	6.96%	307038	7.22%
	等级 4	241448	6.80%	241665	6.16%	259127	6.09%
	等级 5	134394	3.78%	128053	3.27%	134085	3.15%
	小计	831376	23.41%	834817	21.30%	913237	21.48%
合计		3550761	100.00%	3920014	100.00%	4251638	100.00%

① 注：2017 年才开始区分五个护理等级，因而本表中没有列明 2015 年及 2016 年的情况。

在额度层面，德国长护依据护理等级和选择护理方式的不同做出了不同限制，具体见表5。

表5　2019年德国社保长护待遇给付额度部分标准（单位：欧元）①

项　目	额度／限额	护理等级 1	护理等级 2	护理等级 3	护理等级 4	护理等级 5
居家护理—护理津贴	月度给付	—	316	545	728	901
居家护理—实物津贴		—	689	1298	1612	1995
预防护理—近亲—6 周／年	年度限额	—	474	817.5	1092	1351.5
预防护理—其他人员—6 周／年		—	1612	1612	1612	1612
短期护理—8 周／年		—	1612	1612	1612	1612
日间和夜间护理	月度限额	—	689	1298	1612	1995
门诊护理津贴		125	125	125	125	125
辅助生活小组的额外服务	月度给付	214	214	214	214	214
全面住院护理		125	770	1262	1775	2005

（二）日本：针对中老年人的"介护保险"

1. 日本长护制度立法历程与现状

日本社会的老龄化程度较德国更为严重，对老年人（特别是失能老年人）的照护愈发成为社会需要关注的重点问题。因而，1995 年日本政府首次提出"关于创设介护保险"的议案；1997 年，《介护保险法》（法律第百二十三号）于日本参众两院表决通过；2000 年 4 月 1 日，《介护保险法》正式实施。由此，日本正式建立起和德国相似的强制性护理保障制

---

① 注：仅包含部分服务，且本处因服务具体细节规定不同，与"图 4：德国长期护理服务类型及使用占比"的分类有所出入。

度，由日本卫生、劳动和福利部（厚生劳働省）进行顶层设计，都道府和市町村分别负责具体服务设施、人员供给和保费征缴管理；之后，《介护保险法》又历经多次修正，对介护保险制度不断调整。

截至 2021 年 10 月，日本介护保险制度共评定 689.44 万人需要长期护理支持，年度累计（截至 10 月）872444.71 百万円[①]。

2. 日本长护制度保障范围

日本介护保险制度对保障对象按照中年人和老年人进行了区分。《介护保险法》明确规定，年龄达到 40 周岁以上的日本全体国民必须参加介护保险制度，并将被保险人分为第 1 号被保险者（65 周岁及以上的老年人）和第 2 号被保险者（40—64 周岁的人群）两类。

其中，第 1 号被保险者只需失能持续 6 个月以上，经评定机构评估符合条件，即可享受介护保险给付；第 2 号被保险者则将护理原因限定为 16 种特定疾病，其均是由衰老导致的精神或身体变化而引起的身心障碍疾病，具体见表 6。

表 6　日本介护保险"第 2 号被保险者"须满足的疾病列表[②]

序号	疾　病
1	癌症（仅限于那些被医生判断为根据普遍接受的医学知识已经达到不可能康复的状态的人）

① 数据来源：长期护理保险业务状况报告（暂定）——2021 年 10 月（介護保険事業状況報告（暫定）——令和 3 年 10 月分），厚生劳働省，https://www.mhlw.go.jp/topics/kaigo/osirase/jigyo/m21/2110.html。

② 资料来源：《介護保険法施行令》（介護保険法施行令），政令第四百十二号，厚生劳働省，https://www.mhlw.go.jp/web/t_doc?dataId=82999129&dataType=0。

（续表）

序号	疾　病
2	类风湿性关节炎
3	肌萎缩性脊髓侧索硬化症
4	后纵韧带骨化症
5	伴有骨折的骨质疏松症
6	老年早期的痴呆症
7	进行性核上性麻痹、基底神经节变性和帕金森氏病
8	脊髓小脑变性症
9	脊柱侧弯
10	过早衰老
11	多系统萎缩
12	糖尿病神经病变、糖尿病肾病和糖尿病视网膜病变
13	脑血管疾病
14	动脉硬化闭塞症
15	慢性阻塞性肺部疾病
16	双侧膝关节或髋关节有明显畸形的骨性关节炎

2001 年（介护保险刚推行一年）共 287.34 万人享受了介护保险的给付；2005 年《介护保险法》进行修正，从 2006 年起将原有介护服务区分为"长期护理（介護サービス）"和"预防性护理（介護予防サービス）"；2020 年全年，共 532.80 万人享受了介护保险的给付，是 20 年前的 1.85 倍。20 年间，日本介护保险申请人数的增长率变化幅度较大，均值在 4.45%。具体见图 5。

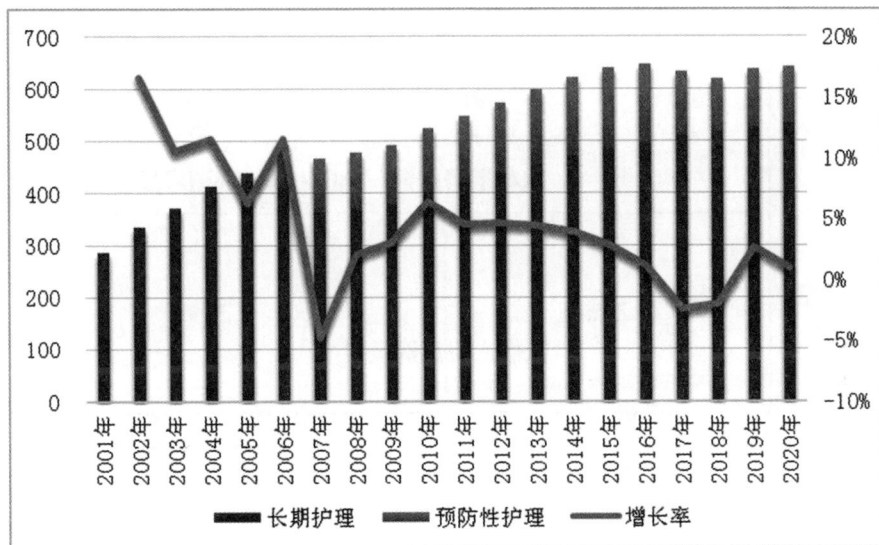

图 5　2001—2020 年日本介护保险享受待遇给付分年度人数①

3. 日本长护制度筹资机制

日本介护保险基金主要来源于税收和保险费，二者同比例分担。其中，税收部分，由国家负担一半，都道府县、市町村各负担其余的一半；保费部分，由被保险人与财政稳定基金（财政安定化基金）共同负担，其中第 1 号被保险者的保险费原则上从养老金中扣除，而第 2 号被保险者的保费则从国民健康保险保费（由雇主和个人分担）中划拨。具体见图 6。

---

① 数据来源：2020 财年长期护理福利费用的实际统计概况——统计表（令和 2 年度介護給付費等実態統計の概況——統計表），厚生劳动省，https://www.mhlw.go.jp/toukei/saikin/hw/kaigo/kyufu/20/dl/07.pdf。

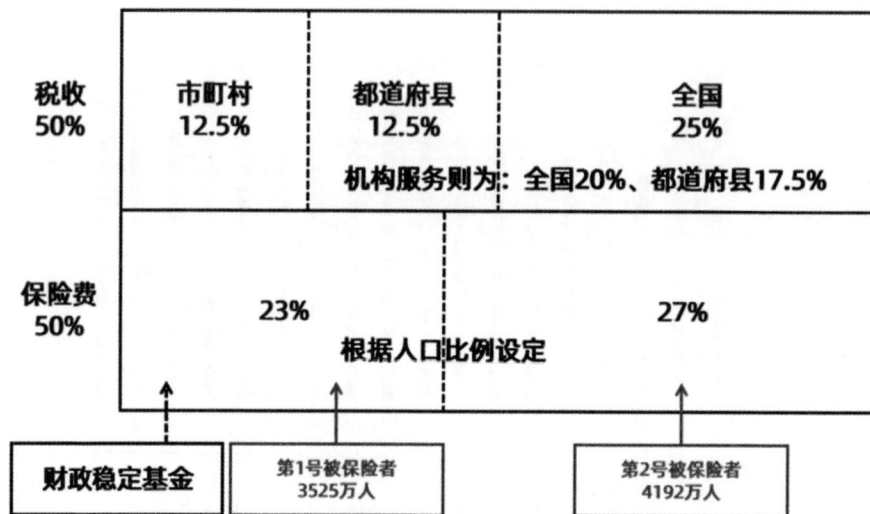

税收 50%	市町村 12.5%	都道府县 12.5%	全国 25%
		机构服务则为：全国20%、都道府县17.5%	
保险费 50%	23%	根据人口比例设定	27%

财政稳定基金　第1号被保险者 3525万人　第2号被保险者 4192万人

图 6：日本介护保险筹资情况（平成 30 年至令和 2 年）①

4. 日本长护制度失能评估

日本介护保险的失能评估步骤分为"两次判定＋一次证明"，市町村是面向被保险人的直接对接者。由被保险人或其家庭成员向市町村办公室（市町村窗口）提出需要护理证明的申请，由市町村派出认证调查员对申请者的身体和精神状况进行认证调查，再配合申请者主治医生的书面意见进行计算机判断（一次判定）；随后由健康、医学和福利方面的学术专家组成的护理认证委员会根据初级判定的结果和主治医生的书面意见做出判断（二次判定）；根据上述结果，市町村政府证明申请者需要长期护理。具体流程见图 7。

---

① 资料来源：介护保险制度概述（介護保険制度の概要），厚生劳働省老健局，令和 3 年 5 月，https://www.mhlw.go.jp/content/000801559.pdf。

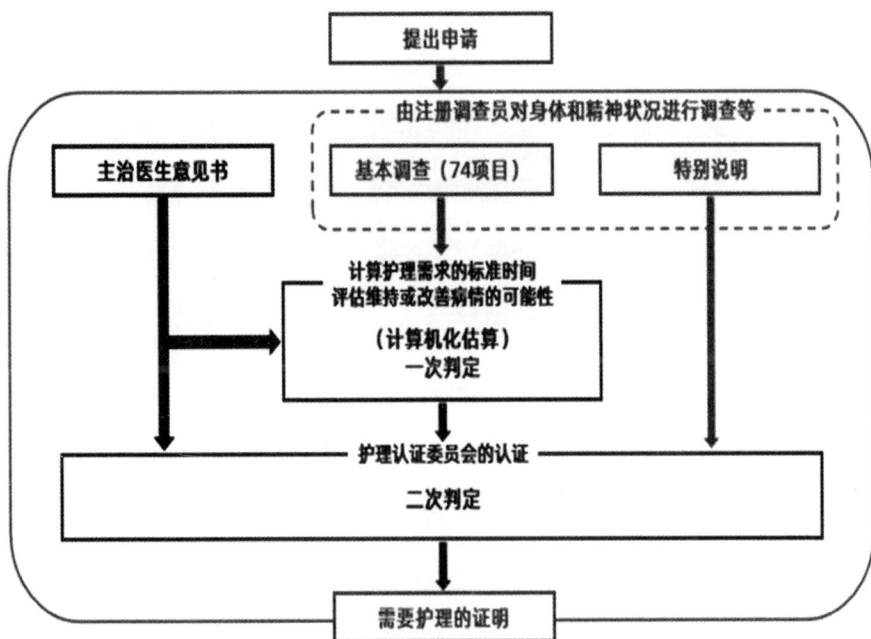

图 7　日本介护保险失能评定流程

失能评估将分为"需要支持（要支援）"和"需要照护（要介護）"两
大类，"要支援 1、要支援 2"、"要介護 1—要介護 5"七个等级。其中，
需要接受服务的人数随年龄增长而增长，80 周岁后人数有明显提升；且
经失能评估后，中轻度失能（要介護 1、要介護 2）的人数更多。具体失
能评估情况见图 8 和图 9[①]。

---

① 数据来源：长期护理保险业务状况报告（暂定）——2021 年 10 月（介護保険事業
状況報告（暫定）——令和 3 年 10 月分），厚生労働省，https://www.mhlw.go.jp/topics/kaigo/
osirase/jigyo/m21/2110.html。

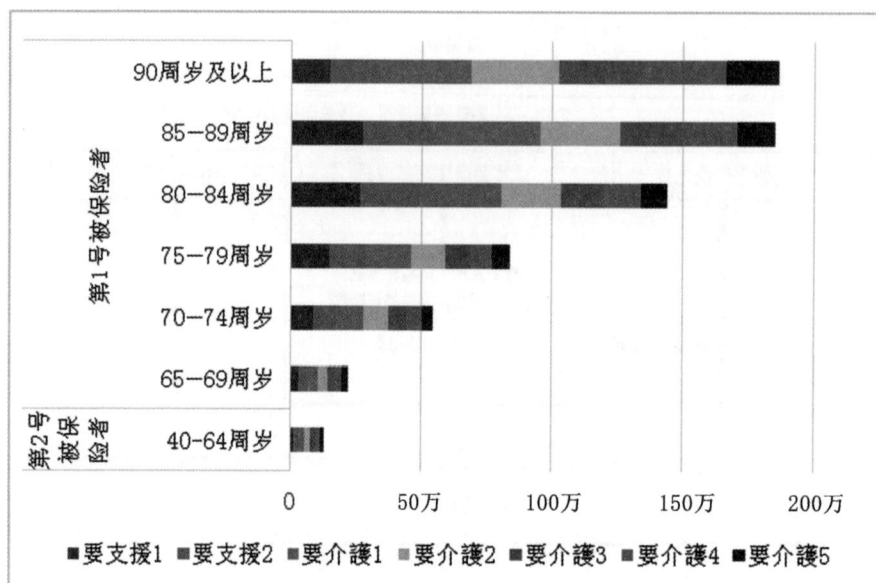

图 8　日本介护保险失能评估状况（按被保险人类型及年龄分）

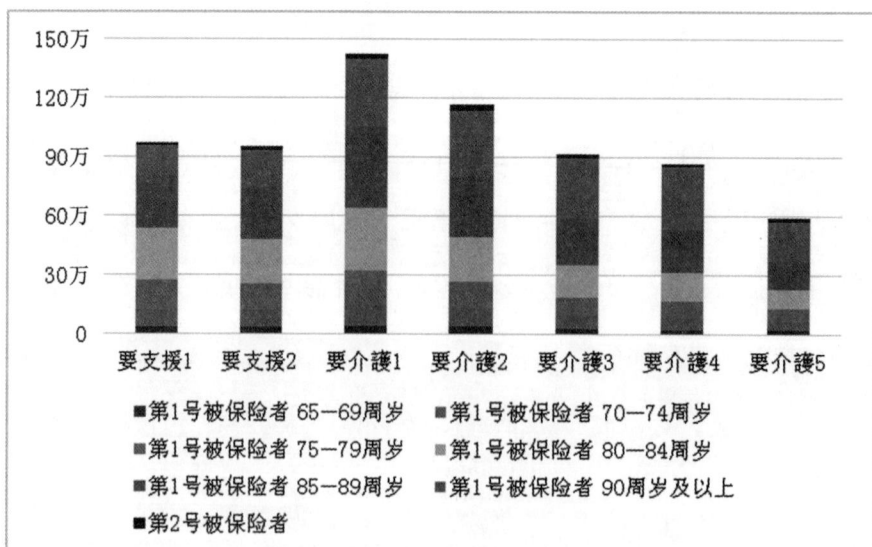

图 9　日本介护保险失能评估状况（按失能评估等级分）

5. 日本长护制度护理服务与支付

日本介护保险并不会负担申请者的全部费用，而是通过"1割"、"2割"、"3割"（10%、20%、30%）的方式使申请者自担一部分费用。一方面，降低介护保险基金支付压力；另一方面，让申请者参与到费用支付中，提升其健康积极性。

日本介护保险所提供的护理服务分为机构护理（施設サービス）、社区护理［地域密着型（介護予防）サービス］、居家护理［居宅（介護予防］サービス）三大类，又进一步区分为29项，且根据失能等级对应所提供的"长期护理（介護サービス）"和"预防性护理（介護予防サービス）"不同，又有所区分，具体见图10。

由都道府县、法令指定城市和核心城市指定并监督的项目		市町村指定并监督的项目
长期护理	**居家护理服务** **夜间探访护理** 家政服务　上门洗浴护理 上门护理　上门康复 居家医疗护理管理指导 照顾特定设施的居民 借出护理福利设备 特定护理福利设备的出售 **日间服务** 日间护理　日间康复 **短期服务** 短期生活护理　短期医疗护理	**社区护理服务** 夜间探访护理　　　　社区日间护理中心 痴呆症日间护理中心　小规模的多功能家庭护理 社区老年护理机构居民护理 定期访问和根据需要的护理 以痴呆症为中心的社区生活护理（集体宿舍） 为特定设施的居民提供基于社区的护理 复杂型服务（小规模的多功能疗养院护理）
	机构护理服务　长期护理的老年福利设施　长期护理的老年保健设施 　　　　　　　　　　长期护理的医疗设施　　长期护理的医疗医院	**居家护理支援**
预防性护理	**看护预防服务** **家访服务** 家务康复预防　家庭护理预防 预防性沐浴护理 居家医疗护理预防管理指导 特定设施居民的照顾预防 借出护理预防福利设备 特定护理预防福利设备的出售 **日间服务** 预防性日间护理康复 **短期服务** 短期生活护理预防 短期医疗护理预防	**社区护理预防服务** 预防痴呆症的日间护理中心 小规模的多功能家庭护理（护理预防） 护理预防痴呆症为中心的社区生活（集体宿舍）
		护理和支持

图 10　日本介护保险提供的服务类型及项目

日本介护保险的具体待遇给付情况见表7与图11。可以看出，日本的长期护理以居家护理为主，社区护理仅为较小比例；随着失能等级的提升（"要支援 1"→"要介護 5"），机构护理的比重不断提升，尤其是在"要介護 3"、"要介護 4"、"要介護 5"等级下。此外，日本介護保险还提供了"家政服务"，其所产生的费用支出在上门服务中占到了 62.29%。

表 7　日本介护保险各失能类型所接受的不同服务的费用一览表（单位：百万日元）[①]

			要支援 1	要支援 2	要介護 1	要介護 2	要介護 3	要介護 4	要介護 5	单项合计
居家护理	上门服务	上门护理（家政服务）	0	△	12395	15431	15663	17509	17265	78263
		上门洗浴护理	1	15	86	304	514	1208	2296	4424
		上门看护	751	1983	5086	6045	4266	4427	4617	27174
		上门康复护理	165	537	818	1081	776	658	503	4538
		居家疗养管理指导	287	373	2065	2345	2181	2174	1820	11246
		分类合计	1204	2908	20450	25206	23401	25976	26501	125645
	日间服务	日间看护	△	△	27643	27531	20702	14351	7797	98023
		日间康复训练	1606	4286	8393	9370	6185	4162	1833	35834
		分类合计	1605	4286	36035	36901	26887	18512	9630	133857
	短期服务	短期入院生活护理	47	239	2961	5518	10479	8322	4238	31805
		短期入院疗养护理（老健）	3	26	376	678	938	858	613	3492
		短期入院疗养护理（医院）	0	0	8	12	26	31	33	111
		短期入院疗养护理（疗养院）	0	0	1	3	5	7	6	23
		分类合计	51	265	3347	6211	11448	9219	4891	35431

[①] 注：统计截止时间为 2021 年 8 月，"△"代表负数，"—"代表没有计数。该表存在四舍五入。

（续表）

			要支援1	要支援2	要介護1	要介護2	要介護3	要介護4	要介護5	单项合计
居家护理	福利设备和家庭改装服务	福利设备租赁	1124	2422	3277	7379	5653	5227	3883	28966
		福利设备购买	111	151	214	244	184	158	63	1124
		住宅改修	604	574	632	482	309	229	77	2905
		分类合计	1839	3146	4123	8105	6146	5614	4023	32995
	特定设施入住者生活护理		1043	1451	9760	9188	8663	10073	6631	46808
	护理预防支持和居家护理支持		1381	2169	13605	11574	8260	5665	3323	45977
	居家护理合计		7122	14225	87320	97184	84805	75058	54999	420712
社区护理	定期上门和根据需要的护理		—	—	638	983	1111	1366	1062	5160
	夜间探访护理		—	—	24	45	54	65	73	261
	社区机构护理		0	0	9021	8763	6682	4287	2491	31244
	痴呆症友好型日间护理		13	25	1256	1377	1676	969	830	6147
	小规模的多功能家庭护理		235	545	3939	4971	5298	3969	2325	21282
	痴呆症友好型社区护理		—	269	11349	14114	14351	9299	6207	55589
	社区特定设施入住者生活护理		—	—	255	375	371	391	242	1635
	社区看护老人福利设施与入所者生活护理		—	—	114	387	4231	7396	5971	18100
	复杂的服务（小规模的多功能疗养院护理）		—	0	382	688	859	1069	1230	4229
	社区护理合计		249	840	26979	31703	34633	28812	20431	143646
机构护理	老人护理院		0	—	1253	4102	37122	61031	48230	151739
	老人保健院		—	—	10813	17907	24552	29762	18493	101527
	疗养护理院		—	—	62	114	354	1702	2461	4693
	医院		—	—	168	389	1229	5163	6459	13407
	机构护理合计		0	—	12295	22512	63258	97658	75643	271366
整体服务合计			7371	15065	126593	151400	182695	201528	151072	835724

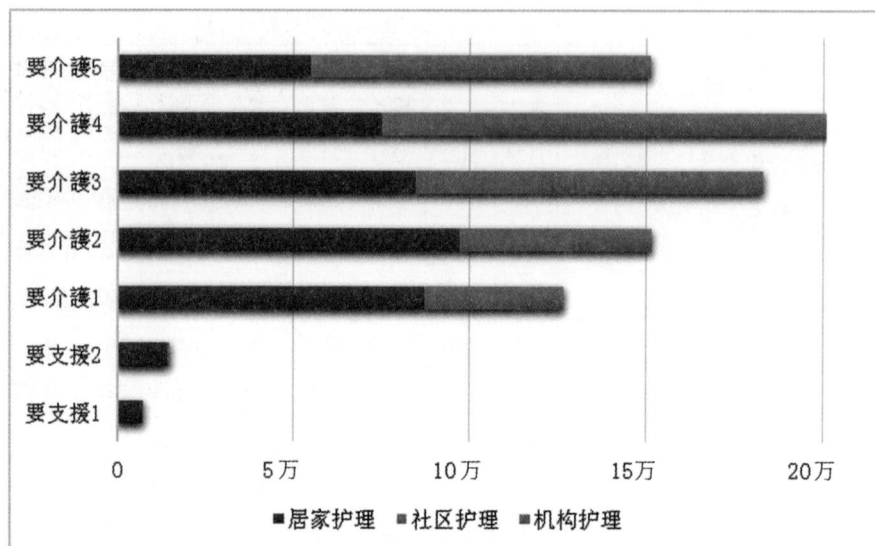

图 11　日本介护保险费用分类统计

三、社商融合型：以美国、新加坡、法国为例

（一）美国：传统业务的收缩与混合型业务的兴起

1. 美国模式概述

美国是典型的市场高度自由化国家，其并未在全国范围内建立"全民医保"，而是仅提供包括 Medicare 与 Medicaid 等在内的面向老人、穷人、残疾人、儿童、军人等的公共医疗保障计划，其余群体的医疗保障需要依靠商业保险解决。护理费用作为医疗费用保障中的一部分，其情况也如是。

Medicare 和 Medicaid 中涵盖了部分对于护理的保障。然而，从市场需求来看，美国 65 周岁以上人群中超过 70% 有长护需求，平均护理时长 3

年，平均护理费用则高达6万美元/年[①]，远超过公共医疗保障计划的支付能力，且受独立自主精神的影响，由子女或亲属提供护理的方式在美国严重缺位，因而便依托于商业保险所提供的资金或服务应对老年时期的护理需求。

2. 美国公共保障计划中的护理

美国的公共保障计划中，涉及护理的主要包括医疗保险计划（Medicare）、医疗救助计划（Medicaid）、退役军人福利计划（Department of Veterans' Affairs，DVA）、老年法案（Older Americans Act，OAA）、社区生活援助和支持计划（Community Living Assistance Services and Support Program，CLASS）、长期护理合作计划（Long –Term Care Partnership Policies，LTCPP）等。

Medicare 由 Part A 至 Part D 四个计划组成，Part A 包含了患者的专业护理费用及家庭保健护理费用的补偿，但 Part A 将护理费用的给付限定为100天/年，护理期限较短；而 Part B 则是基于 Part A 的自愿补充计划，其护理以门诊治疗为基础，且更多为家庭健康护理，并不能充分满足老年人的失能护理需求。

Medicaid 是美国的公共医疗救助计划，为低收入人和破产的中高收入者提供长护保障，基于救助的本质，Medicaid 中的长护保障是低水平的，并且 Medicaid 在对接护理机构方面存在较为严重的问题，申请者很难找到可以接收的机构，其往往会因拖延而导致健康状况进一步恶化。

---

① 数据来源：李承：美国长期护理保险的实践经验与产品创新［J］，金融纵横，2020（06）：79—86。

DVA 是面向退伍军人的一揽子福利计划，包含对于退伍军人于社区护理院、退伍军人之家等产生的居家护理、住院护理及临终关怀等费用予以保障。其仅是面对特殊人群的长护保障，在服务内容及机制逻辑方面与其他方案并无实质区别。

OAA 是 1965 年推出的一项面向 60 岁以上老人的法案，并定期进行重新授权以使得该项计划得以维持（最新的重新授权在 2020 年 3 月 25 日，《2020 年美国老年支持法案 PL116—131》签署成为法律，该法案授权对 OAA 计划的拨款截至 2024 年 9 月 30 日）。其提供包括饮食和营养计划、家政服务、交通服务、法律援助、老年人虐待预防、日间照护、疗养院护理、住院护理等，目前 OAA 资金已经分配给 56 个州机构、200 多个部落组织、2 个夏威夷本土组织、600 多个老龄化地区机构和 2 万家当地服务供应商[①]。

CLASS 是 2010 年推出的长期护理保险计划，用以保障中低收入人群的长护需要，一般由联邦政府主管、商业保险公司经营代办，带有社商融合的色彩。该计划自愿参保且不限定健康状况，失能申请需参保满 5 年，且将失能观察期设置为 90 天及以上，失能评估依赖于 ADL 评定。然而，由于 CLASS 计划对于健康状况不限定，在实施过程中出现了较为严重的逆选择，CLASS 计划在推出 19 个月后以失败告终。

---

① 资料来源：美国社会保障和医疗保障委员会（National Committee to Preserve Social Security Medicare，NCPSSM），https://www.ncpssm.org/documents/older-americans-policy-papers/older-americans-act/。

　　LTCPP 是美国部分州政府（如康涅狄格州、加利福尼亚州、印第安纳州、纽约州等）试点实施的"社商合作经营"长护项目，在 Medicaid 与商业保险公司之间建立合作。在这种模式下，被保险人发生护理费用时优先通过其所购买的商业长护险予以支付，商业长护保险金耗尽后则从 Medicaid 中获得费用支持，相当于允许被保险人保留高于原 Medicaid 所规定限额的财产，旨在保护私人财产，鼓励中高收入人群参保。

　　3. 美国商业长护险市场概况与产品形态[①]

　　美国的商业长护险发展大致经历了四个阶段：第一阶段（1960 年代至 1980 年代）是美国商业长护险的萌芽期，保障范围仅限于养老院护理，经营此类业务的公司较少，总保费较低；第二阶段（1980 年代至 1990 年代）是成长期，保障范围从养老院护理拓展到家庭护理，并将抗通胀纳入进来，入局保司数量增长，保费开始有效增长；第三阶段（1990 年代至 2002 年代）是增长期，1996 年《健康保险可转移及责任法案》（*Health Insurance Portability and Accountability Act*，*HIPAA*）规定符合条件购买商业长护险的个人或雇主可享受税收优惠，对美国商业长护险发展起到了极大推动作用，产品保障范围也进一步拓展，当时约有 177 家保险公司经营商业长护险[②]；第四阶段（2003 年至今）是收缩期，由于第三阶段恶性的

---

　　① 若无特殊说明，本部分数据来源为"Long - Term Care Intercompany Experience Study - Aggregate Database 2000—2016 Report，SOA"。

　　② 数据来源：李承：美国长期护理保险的实践经验与产品创新［J］，金融纵横，2020（06）：79—86。

低价竞争，美国商业长护险定价假设不足，且受到低利率的冲击，绝大多数保司在长护险业务中处于亏损状态，长护险价格上涨，大批保司退出市场。至2020年，美国经营商业长护险的公司数量仅为12家[1]，传统业务收缩，混合型业务（年金＋护理）的业务创新成为各保险公司的调整方向。

混合型长护险将护理保障设计为附加险的形式，依附于传统寿险（含万能型）或年金产品，如果出现长期护理情况，将提前给付长期护理保险金。但是近20年来，业务经营情况仍越来越差。赔付率从2020年的36%飙升至2019年的110%，实际与预期损失比也进一步拉大，直至2019年已达132%，具体情况见表8。

表8　美国商业长护险业务经营情况[2]

项　目	2019 年	2010 年	2000 年
已赚保费（亿美元）	117	106	52
赔付金额（亿美元）	129	64	19
赔付率	110%	60%	36%
实际与预期损失比	132%	104%	94%
保障人口数（万人）	644	730	450

---

[1] 数据来源：CIPR LTCI event summary 2021，NAIC（美国保险监督官协会）。
[2] 数据来源：Long-Term Care Insurance Experience Reports for 2019，NAIC。

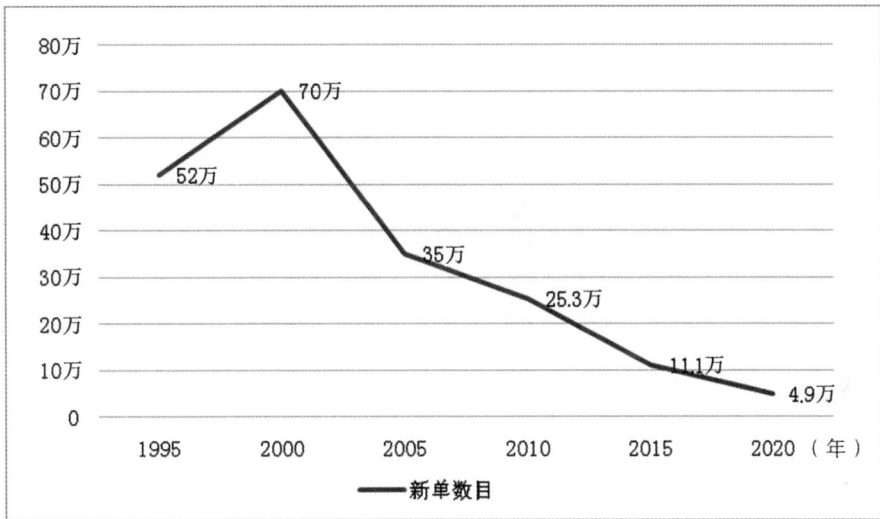

图 12 美国传统商业长护险新单销售单数 [1]

由图 12，美国传统商业长护险在 2000 年左右达到新单业务峰值，随后一直处于收缩状态，至 2020 年新单已经降至 5 万单以下。而从目前的销售占比来看，2018 年传统长护险仅占 16%，混合型业务则高达 84% [2]，体现出传统业务向混合型业务转型的特点。

然而从美国近年的经验分析来看，美国商业长护险整体市场的有效保单主要集中于 2000 年前后 5 年，最近几年业务占比很小，市场逐步萎缩，见图 13。美国的长护险经历了从蓬勃发展到市场亏损、业务萎缩的阶段，主要原因是由于长护险产品复杂，难于管理，特别是由于一开始定价经验不足，造成了当前的局面。

---

① 数据来源：American Association for Long-Term Care Insurance，2022。

② 数据来源：American Association for Long-Term Care Insurance，2019。

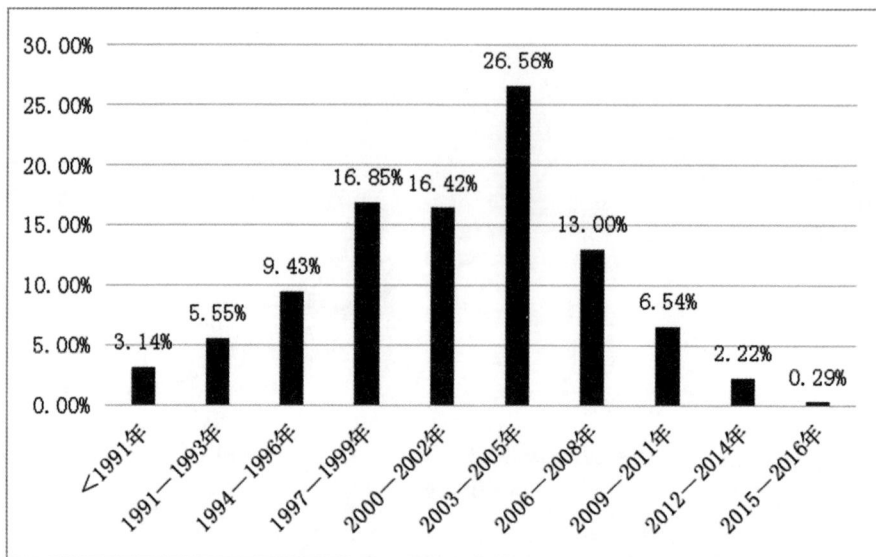

图 13　截至 2016 年年底美国商业长护险有效业务承保年度分布

从保障范围来看，美国商业长护险基本是对护理费用进行补偿，按照护理程度从轻到重分为居家护理（Home Care）、辅助护理（Assist living）和机构护理（Nursing Home）。辅助护理在美国较为流行，介于居家护理和机构护理之间，由专业护理人员提供护理服务，但尽可能保证被护理人员具有一定独立自主的生活能力，而非 24 小时的全方位机构护理。商业长护险的保障范围通常为此三种形式的混合保障，提供三种形式混合保障的占比 85%，单一保障的仅占比 15%。

从保障额度来看，美国商业长护险一般会设置日限额，62% 的产品日限额小于 100 美元，25% 的介于 100—200 美元，仅 13% 的提供大于 200美元的保障。此外，大部分商业长护险会根据护理状态的不同对日限额有所区分以对应不同护理方式下的不同成本。然而，2021 年美国居家 / 辅助

/机构护理的月平均费用分别为4500美元、5200美元、7900美元[①]。由此，当前美国商业长护险的保障额度能够基本覆盖大部分护理成本，但仍存在一定空缺补充空间。

从失能评估来看，美国商业长护险依托于日常生活活动能力（Activity of Daily Living，ADL）评定，对无法独立完成 ADL 三项及以上的认定为重度失能，无法独立完成 ADL 两项及以上的认定为中轻度失能。

从失能观察期来看，设置较为多样，最短为 0 天，常见设置为 30 天、60 天、90 天、180 天、360 天，最长则可至 1460 天。

从给付期间来看，设置同样多样，短至 1 年，长至终身。在美国商业长护险定价问题暴露之前，终身给付较多，近年来，短期给付的占比增大，具体见图 14。

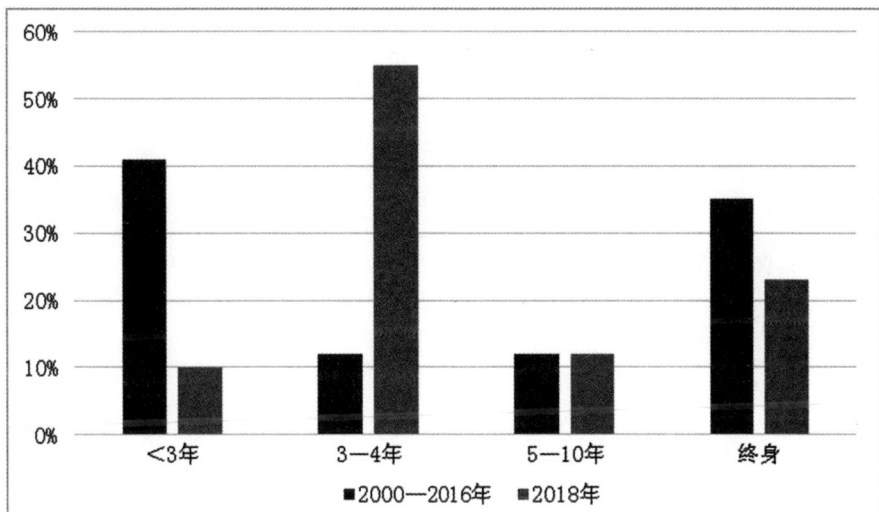

图 14　2000—2016 年有效保单与 2018 年新售保单的给付期间分布对比

① 数据来源：American Association for Long-Term Care Insurance，2022。

此外，美国商业长护险大多包含抗通胀设置，最常见的为保障金额按3%/年增长，还有提供 GPO（Group Purchasing Organizations）条款，锁定服务商和服务价格。

（二）新加坡："乐龄健保"向"终身护保"的完善

1. 新加坡模式概述

新加坡于 2002 年基于中央公积金制度推出了长期护理保障制度，被称为"乐龄健保计划（Elder Shield）"，期间历经调整与完善，逐步发展成为世界上较为成功的长护保障模式，是社商融合模式的典例。

2002 年，乐龄健保制度设立之初，其保障额度为 300 新元/月，因而被称为"乐龄健保 300"；2007 年，新加坡卫生部进行了相关经验总结与调整，将保障额度提升至 400 新元/月，"乐龄健保 400"由此诞生，并且还推出了商保公司可更灵活调整的"乐龄健保补充计划"；2020 年，新加坡再次对长护制度进行调整，推出了乐龄健保加强版——"终身护保（CareShield Life）"，将保障额度提升至 600 新元/月，并扩大了参保年龄范围，具体调整见下文。

2. "乐龄健保 300"计划

（1）保障范围

"乐龄健保 300"的保障范围覆盖了 40—69 周岁、拥有公积金账户的新加坡公民及永久居民，具有半强制性特征，操作方式是向每位符合条件的人发送一份邮件，若没有主动宣布放弃参保，则自动受保。但由于参保的非完全强制性，为避免逆选择导致的健康人群退出，新加坡卫生部对既往失能人员和 70 周岁及以上的老龄人群推出暂时性的乐龄残疾援助计划（Interim Disability Assistance Program for the Elderly），以保证"乐龄健保 300"的运行稳定性。

（2）筹资机制

由前文述，"乐龄健保"基于新加坡公积金制度下，其保费来源为个人的公积金健康储蓄账户。受 2002 年制度初始建立而缺乏经验的影响，新加坡政府通过招标的形式引入大东方人寿保险有限公司（Great Eastern）和职总英康保险合作社（NTUC Income）为合作伙伴，由二者负责保单承保与具体运营。

参保人群将被随机安排给其中一家保司承保，交费方式分为定期交费（交至 65 周岁）、十年交费和趸交保费，前两种交费方式下还包含了失能豁免保费责任。同时，新加坡政府还为低收入人群、56—69 周岁的较高龄人群给予了一定交费补贴，鼓励真正需要长期护理的人群参保。

此外，乐龄健保还允许以家庭为基本单位参保，鼓励用个人的健康储蓄账户为家人交纳保费，但每位投保人设置了 600 新元的年保费限额以防止个人账户的过度消耗。

（3）失能评估

乐龄健保的失能评估同样依托于 ADL 评定，若被保险人无法独立完成 ADL 的三项及以上，则被视为需要护理。同时，两家负责具体运营的保险公司对失能评估人员给出了列表限制，多为私人诊所的医生，评估费用为 50 新元/次（若入户评估则为 150 新元/次），经评估确需护理的，其评估费用由乐龄健保支付。

（4）护理服务与支付

"乐龄健保 300"的给付水平为 300 新元／月，最长给付 5 年。被保险人可将此笔款项用于各种护理服务费用的支付，例如家庭护理开支、日间康复中心开支、护理疗养院开支等。被保险人需要定期接受失能复查，若康复则停止津贴给付，康复后再次达到护理状态的被保险人可以继续申领护理津贴，直至领取期限满为止。

3. "乐龄健保 400"计划与终身护保计划

2007 年，"乐龄健保 300"运行五年，新加坡卫生部对其展开了经验总结与评估，并对其进行了相关改革。考虑到"乐龄健保 300"的保障程度较低且保障期限较短，故而将给付水平从 300 新元／月提高到 400 新元／月，给付年限从 5 年提高到 6 年，取消了趸交和十年交的交费方式，仅保留定期交费（交至 65 周岁），调整后的乐龄健保计划被称为"乐龄健保 400"。同时，新加坡政府又引进了第三家商保公司——英杰华人寿保险有限公司（AVIVA）。

同时，为满足更高程度、更多元化的保障需求，在"乐龄健保 300"升级为"乐龄健保 400"的同时，新加坡政府允许三家商保公司可以开发差异化的护理险补充产品，投保人可以在三家商保公司间任意选择，其被称为"乐龄健保补充计划（ElderShield Supplements）"。与基础的"乐龄健保 400"相比，补充计划下的投保人可以获得更多的护理保障，具体体现在：一是更高的给付金额和一次性给付的保险金；二是最长给付期间可拓展至终身；三是保障更全面，纳入被保险人身故保障及对子女的照护保障。

2020 年 10 月，为了应对老龄化加剧、家庭小型化、护理费用不断升高等给护理保障制度带来的挑战，新加坡再次对乐龄健保进行改革，更名为"终身护保"，主要涉及以下改革：一是由半强制性参保变更为强制参保，并将参保人群从 40 周岁以上扩展到 30 周岁以上人群；二是取消了"乐龄健保 400"给付期间 6 年的限制，改为终身给付，额度也从 400 新元 / 月提升至 600 新元 / 月；三是由社商合作转为完全由政府运营，三家商保公司将保单全部转给政府，但还可以继续经营乐龄健保补充计划；四是纳入了抗通胀条款，终身护保运行的前五年其保费和津贴给付涨幅均为 2%/ 年，并且政府为个人提供更多的保费补贴。

（三）法国："APA 长护津贴"与商业护理保障的融合

1. 法国模式概述

法国具有更为典型的"社商融合"特征，市场在该模式下发挥了更大作用。

社保层面，1997 年年末、1998 年年初[①]，法国卫生部建立了特定依赖津贴（La Prestation spécifique dépendance，PSD）取代之前的第三方补偿津贴（allocation compensatrice pour tierce personne，ACTP），被视为法国长期护理制度探索的开始[②]。PSD 制度主要面向 60 岁以上的"依赖程度"较高的老人，而"依赖程度"依托于 AGGIR（Autonomie, Gérontologique,

---

① 注：1997 年法国各个省份在逐步建立，直到 1998 年 1 月份，PSD 才在全国范围内生效。

② 资料来源：La prestation spécifique dépendance Premier bilan au 31 décembre 1998, Drees, https://drees.solidarites-sante.gouv.fr/sites/default/files/2020-10/er013.pdf。

Groupes iso-ressources）评估，AGGIR 将老年人群分为六组（GIR Ⅰ 至 GIR Ⅵ），对 GIR Ⅰ 至 GIR Ⅲ 人群提供 PSD 津贴。截至 2001 年年底，PSD 约有 14.8 万名受益者[①]，但由于补助金过于片面，与确定的需求不平等，法国长期护理制度开始了新的探索。

2001 年 7 月 20 日，法国卫生部立法建立了个性化自主津贴（L'allocation personnalisée d'autono-mie，APA）用于取代 PSD 津贴，APA 法案于 2002 年 1 月 1 日正式生效。相比于 PSD，APA 的受众更广泛，将 GIR Ⅳ 等级的人群也纳入进来，并取消了经济状况调查，流程更为优化。APA 津贴以比例原则为基础，每个 GIR 等级的最高金额在国家层面设定，并以社会保障第三方津贴（majoration pour tierce personne，MTP）的金额为基础计算。APA 津贴将由国家财政拨给各地，由地方自主决定分配给需要护理人群的额度及具体比例。

商保层面，法国商业长护险很好地补充了公共保险，且法国商保长护呈现出团险份额较大的特点，2010 年法国商业长护团险约占整体市场份额的 45%[②]。但 2010 年后，法国商业长护险市场出现停滞，为了刺激市场发展，法国政府出台了相关减税政策，允许开发将长期护理功能和储蓄部分相结合的新产品，并将服务与产品更深入绑定，引入了对长期护理费用的补偿机制，而非简单的津贴给付[③]。

---

① 数据来源：L'allocation personnalisée d'autonomie au 31 mars 2002，Drees，https://drees.solidarites−sante.gouv.fr/sites/default/files/er178.pdf。

② 数据来源：戴卫东：商业长期护理保险的全球趋势及思考［J］，中国医疗保险，2016（10）：64—68。

③ 资料来源：Lye Fook Kong（SCOR）．French LTC experience。

2. 法国 APA 长护津贴 [①]

（1）保障范围

由前文述，APA 长护津贴基于 PSD 津贴做出改革，其人群基础依旧是面向 60 周岁以上的老人。根据 DREES 的社会援助调查，截至 2020 年年末，有 122 万老年人领取了 APA 津贴，其中以居家 APA 为多数，占到了 64%。从近 5 年整体情况来看，居家 APA 是制度主体，领取 APA 津贴的总人数则有下降趋势，具体见图 15。

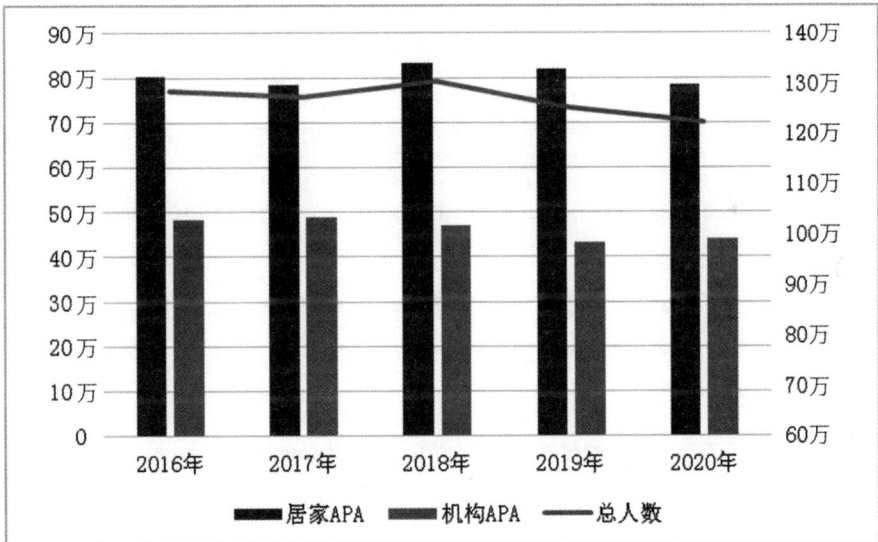

图 15 2016—2020 年法国 APA 津贴待遇享受人数

（2）筹资机制

法国 APA 津贴本质上并非是"长期护理保险"制度，其更像是一种

---

① 注：若无特殊说明，本部分数据来源于"DREES 社会援助调查 2016-2020"，https://drees.solidarites-sante.gouv.fr/。

"社会福利"。原因在于法国 APA 津贴的运营本质上没有引入保险的风险共担机制,并不需要民众缴纳任何费用,其没有形成长期护理基金的筹资,而是每年定期由国家财政划拨款项给到各地方,由地方根据自身实际情况,划分 APA 津贴各等级的给付额度及给付比例。

(3)失能评估

法国 APA 津贴的失能评估依托于 AGGIR 评估,具体见表 9,其将老年人群分为六组(GIR Ⅰ 至 GIR Ⅵ),对 GIR Ⅰ 至 GIR Ⅳ 人群提供 PSD 津贴。

表 9　法国 APA 津贴 AGGIR 评估等级 [①]

等级	程　　度
GIR Ⅰ	被限制在床上或椅子的人,完全丧失精神、身体、运动功能和社会自主权,并且需要护理人员持续存在
GIR Ⅱ	①被限制在床上或椅子的人,未完全丧失精神功能,大部分日常生活活动需要被照顾;②精神功能受损但保留了运动功能,可在室内活动但如厕和穿衣受限
GIR Ⅲ	保留了精神自主权和部分运动功能,但身体功能需要被照顾,洗漱、穿衣及卫生受限
GIR Ⅳ	转移功能受限但站立后可自己走动,运动功能保留,但洗漱、穿衣和进食功能受限
GIR Ⅴ	能够自由走动、进食、穿衣的人,偶尔需要协助洗漱、准备膳食和清洁
GIR Ⅵ	完全没有丧失自主权的人

[①] 资料来源:La prestation spécifique dépendance Premier bilan au 31 décembre 1998,法国卫生部。

GIR 越小（越接近于Ⅰ），失能等级越高。其中，GIR Ⅰ 与 GIR Ⅱ 可近似视为重度失能，GIR Ⅲ 与 GIR Ⅳ 则为中度失能。从近五年的失能评估来看，GIR Ⅰ 的人数较少，仅占参与评估人群的 2%—3%，大部分人的失能等级为 GIR Ⅳ，占比达 50%—60%，具体情况见图 16。

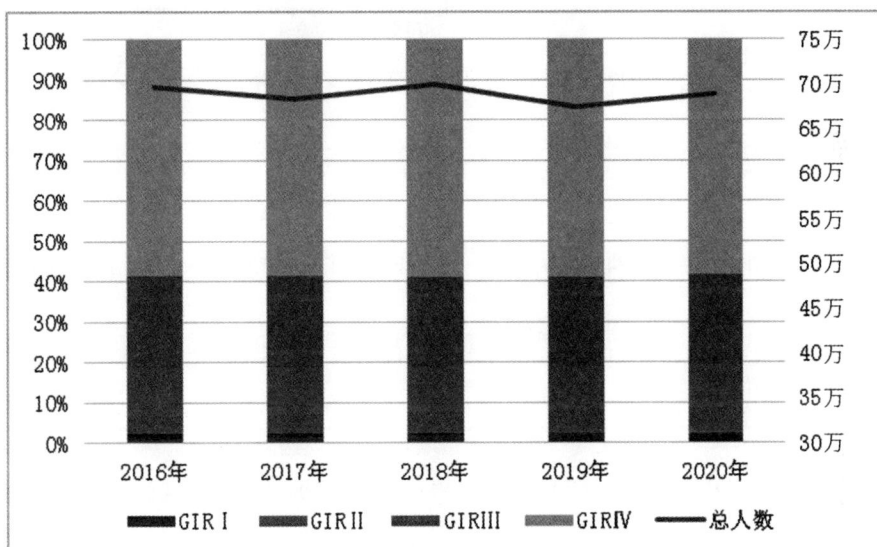

图 16　2016—2020 年法国居家 APA 失能评估各等级情况①

（4）护理服务与支付

由前文述，法国 APA 津贴由国家财政拨款给地方政府或组织，由各地根据自身实际情况划分给付水平与给付比例。但与此同时，国家层面也以居民月收入为标准，划分了 APA 津贴的法定自付比例。月收入低于一定水平的，APA 津贴全部给付给个人（即法定自付比例为 0%）；月收入每升高一定水平，自付比例便相应提高；当月收入高于一定水平时，APA

――――――――――――

① 注：数据源为 DREES，其主要统计居家 APA 的情况，较少涉及机构 APA 数据。

津贴仅给付最高 10% 给个人（即法定自付比例大于等于 90%）。从近五年情况来看，最低月收入额度在不断提升，体现了 APA 津贴保障水平的提高，具体见表 10。

表 10　2016—2020 年法国居家 APA 月收入与法定自付比例情况

法定自付比例	月收入 I（欧元）		
	2016—2017 年	2018—2019 年	2020 年
0%	< 739	< 803	< 816
0%—10%	739 ≤ I < 984	803 ≤ I < 1047	816 ≤ I < 1062
10%—30%	984 ≤ I < 1474	1047 ≤ I < 1532	1062 ≤ I < 1552
30%—50%	1474 ≤ I < 1965	1532 ≤ I < 2012	1552 ≤ I < 2039
50%—70%	1965 ≤ I < 2455	2012 ≤ I < 2487	2039 ≤ I < 2524
70%—90%	2455 ≤ I < 2945	2487 ≤ I < 2957	2524 ≤ I < 3005
≥ 90%	≥ 2945	≥ 2957	≥ 3005

从居家 APA 来看，APA 津贴覆盖了家庭护理人员的薪酬、自主性辅助工具、日间照料或临时住宿费用、收费寄养等多项目。其中，APA 津贴主要用于支付家庭护理人员的薪酬，2020 年法国居家 APA 总计支付 20.6 亿欧元[①]，各项费用的具体情况见表 11。

表 11　2020 年法国居家 APA 分项费用支付情况（单位：欧元）

居家 APA	GIR I	GIR II	GIR III	GIR IV	总计
家庭护理人员的薪酬	116734013	557835069	497375727	693354820	1865299629
有助于自主性的辅助工具	8680799	44033800	39706383	58108121	150529103

①注：2020 年法国财政赤字 1782 亿欧元，居家 APA 支出占到了其中的 1.12%。

（续表）

居家 APA	GIR Ⅰ	GIR Ⅱ	GIR Ⅲ	GIR Ⅳ	总计
日间照料或临时住宿费用	680992	6949163	6205296	7918542	21753993
收费寄养	2807355	11213510	5505023	2582767	22108655
总计	128903159	620031542	548792429	761964250	2059691380

从人均额度来看，APA 的支付额度与自付额度均在增长，2019—2020 年的 APA 支付额度增速高于自付，体现了更高保障水平。整体来看，无论是 APA 支付还是自付，其额度均随支付等级的提升而下降，具体见图 17。

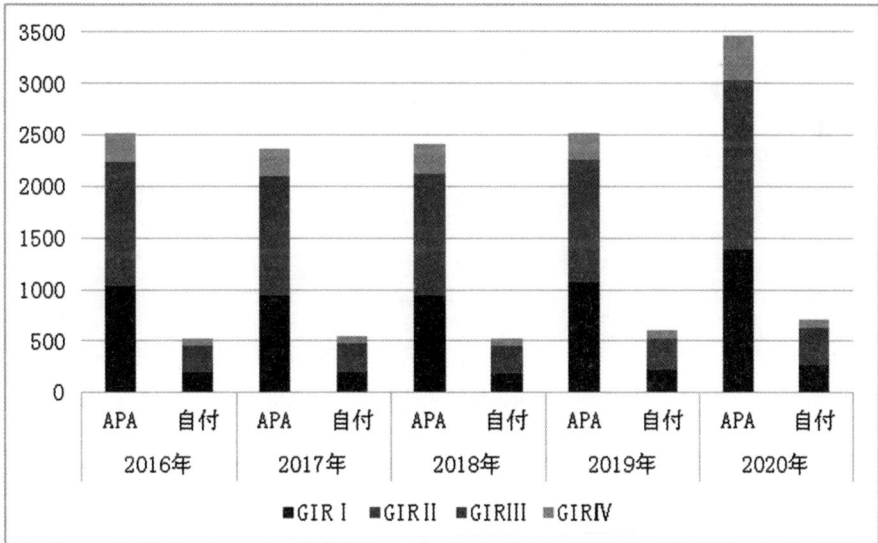

图 17　2016—2020 年法国居家 APA 津贴人均额度

3. 法国商保长护险

由前文述，法国的商保长护险很好地补充了公共保险，其市场上的产品类型也较为多样。截至 2022 年 2 月，法国共有 56 家商保公司经营健康保险，大部分保司提供的是一整套可选的健康计划，例如安盛的"Ma Santé（我的健康）"计划，其中包含护理保障，在此种模式下，护理并没有作为独立险种存在，而是作为健康保障计划中的一部分。

也有部分保司将护理保障设置为独立形态，一般分为"保障型"和"储蓄投资型"两种模式，以下分别以 AVIVA 公司和 MMA 公司的两个产品为例进行概述。

（1）AVIVA 公司的 AFER 计划

AFER 计划是 AFER 与 AVIVA 签订的一份可选择加入的 1 年期自动续保的团体护理险保障计划，投保年龄限定在 40—77 周岁，默认月交保费，也可灵活选择年交、半年交、季交的方式。

AFER 计划设置了 1 年的等待期（神经退行性疾病、神经系统疾病或精神病的等待期为 3 年）。当被保险人因意外或等待期后达到合同约定的永久不可逆的失能状态时按约定的月度基本保额支付终身年金。其中，完全失能给付 100% 基本保额，部分失能给付 50% 基本保额，基本保额可于投保时在 500—3000 欧元选择。

失能状态依托基本日常生活活动能力与认知功能评估两个维度进行评定，具体见表 12。

表 12　AFER 计划失能评估标准 [①]

	评估标准
完全失能	无法独立完成 5 项基本日常生活活动中的 4 项；或无法独立完成 5 项基本日常生活活动中的 2 项，且 MMSE 评分小于等于 10 分；或无法独立完成 5 项基本日常生活活动中的 3 项，且 MMSE 评分小于等于 15 分。
部分失能	无法独立完成 5 项基本日常生活活动中的 3 项；或无法独立完成 5 项基本日常生活活动中的 2 项，且 MMSE 评分小于等于 15 分。

值得注意的是，其采用的"基本日常生活活动"仅有五项，分别是"洗澡""穿衣""吃饭""移动""改变体位（从一个体位到另一个体位：坐着、站着、躺着）"。与国际通用的六项基本日常生活活动相比，前四项是一致的，第五项国际标准为"行动"，且 AFER 的标准没有考虑"如厕"这一项基本日常生活活动。

此外，AFER 的失能标准更为严苛。一般而言，6BADL 中满足 3 项及以上被认定为"重度失能"，满足 2 项及以上被认定为"中度失能"。

（2）MMA 公司的 ADIF 计划

ADIF 计划本质上是一款基于保险的投资产品，其是有长期护理保证的欧元人寿保单。运作方式极为简单，即在 75 周岁前进行定期储蓄积累，形成一个有保障的资金池；当被保险人被认定为失能状态时，给付 75 周岁时保证资本的 20%（限额为 15 万欧元），若之后每年生存还给付年金；当被保险人身故时，给付产品投资账户价值（扣除前述失能时已给付的保证资本及生存年金）。

---

① 资料来源：https://www.aviva.fr/particulier/assurance–sante–prevoyance/solutions–de–prevoyance/assurance–dependance–afer.html。

该种模式下，相比于保障，其更重要的职能是储蓄投资，因为失能所致后续的给付金额与储蓄积累（投资账户价值）相挂钩。

此外，法国的商业长护险，除了提供津贴给付外，还将护理服务纳入到保障中。如 CNP 公司的"Anticiper les conséquences de la dépendance"计划除了失能给付约定年金外，还提供预防措施、房间清理、健康服务商协助寻找等；前文所述 AVIVA 的 AFER 计划还将远程健康指导、记忆力评估、住院家政服务、陪伴服务、搬家援助计划等纳入到服务保障中。

四、我国商保护理的发展状况

（一）商业长期护理保险的发展历程

我国的商业长期护理保险起步相较于发达国家较晚，到 2005 年，市场上才开始出现长期护理保险。截至 2021 年年末，在保险行业协会人身险产品信息库中可以查询到的长期护理险产品已有 271 款。根据长期护理保险的责任形态变化，可以大致将其发展历程分为三个阶段。

1. 2005—2011 年：护理保障起步

2005 年，国泰人寿推出"康宁长期护理保险"，是市场上首个具有商业性质的长期护理保险。随后在 2006 年，人保健康推出了具有全面保障功能的长期护理保险——"全无忧长期护理个人保险"。之后生命人寿、中国人寿等多家保险公司陆续开始推出长期护理保险，其中最多的是昆仑健康、人保健康、和谐健康三家健康险公司。早期的长期护理保险多是从护理需求的角度出发设计产品责任，保险金给付的触发条件基本上都包括身故和失能，也有许多产品包括满期给付责任，护理保险金的给付方式有一次性给付也有分期给付。由于当时长期护理保险刚刚进入大众的视野，消费者对于护理需求的认知还很浅薄，这类产品并不能吸引客户，昆仑健康等三家健康险公司开始致力于开发"新型"长期护理保险，护理保险开始逐渐偏离了护理保障的本质。

2. 2012—2017 年：理财型

到 2012 年，在人身险费率市场化改革的背景下，市场上掀起了开发理财型护理保险的浪潮。这个阶段长期护理保险的显著特点是多为快速返还型产品，理财功能大于护理保障功能。这些产品通常将生存至指定年龄作为保险金给付的条件之一，有的产品保险期间只有 5 年甚至更短，万能型护理保险保证利率最高达到 3.5%，实质上多是假借长期护理保险之名的万能型中短期存续产品、两全险或年金险。这种理财型产品带来了护理险市场规模的爆发式增长，商业长期护理保险保费收入激增，商业长护险市场迎来了短期的虚假繁荣。但是，这种产品并不能真正体现护理保险的护理保障功能，更不能满足消费者日益增长的护理保障需求，注定是不被市场认可的，也不能长久发展。

3. 2018 年至今：保障型

2016 年 9 月，原保监会发布了《中国保监会关于进一步完善人身保险精算制度有关事项的通知》（保监发〔2016〕76 号），规定了长期护理保险金额给付比例，同时明确不得将护理保险设计为中短存续期产品。2017 年 5 月，原保监会又发布了《中国保监会关于规范人身保险公司产品开发设计行为的通知》（保监发〔2017〕134 号），规定"护理保险产品在保险期间届满前给付的生存保险金，应当以被保险人因保险合同约定的日常生活能力障碍引发护理需要为给付条件"。这两个文件下发之后，市场上理财型的护理险产品都已下架，2018年以后的长期护理险产品开始回归护理保障功能的本质。目前市场上的长期护理险产品都以失能为核心保障责任，保障范围多为重度失能，有的也同时保障轻度失能，通常按月度或年度给付失能保险金，给付年限5—20年不等。国家对于老年人健康保障问题的重视也引发了更多的护理保障需求，回归本质的长期护理保险一定程度上获得了消费者的认可，也带来了商业长期护理保险市场规模的良性增长。

（二）商保护理产品基本形态梳理与对比

表13 我国各阶段商保护理产品责任对比

产品责任形态对比			
发展阶段	第一阶段	第二阶段	第三阶段
设计类型	传统型或万能型	传统型或万能型	传统型
投保年龄	最低0或18周岁，最高55—65周岁	最低0或18周岁，最高55—65周岁	最低18—40周岁，最高60—70周岁
保险期间	终身、至70/80周岁，固定年限	终身、至70/80周岁，较短期5年	终身、至70/80周岁，固定年限
保额	固定保额，万能型可追加	部分固定保额、部分保额年度递增	固定保额
犹豫期	10天		15天
等待期	90天或180天		

（续表）

身故责任		基本都包含疾病身故保险金，有的包括意外身故	大部分都包含疾病身故保险金	部分包含疾病身故保险金，大部分包含失能后身故失能保险金保证给付责任
护理责任	失能诱因	疾病或意外	疾病或意外	特定疾病或意外伤残
	观察期	90 天或 180 天		
	给付	包括长期护理保险金和老年护理保险金，长期护理保险金失能后一次性或分期给付，分期给付通常不规定给付年限，至期满或护理状态终止；老年护理保险金到达一定年龄按年金给付	通常失能一次性给付已交保费的一定比例、现金价值或基本保额	大部分包含失能一次性给付和持续给付保险金，部分包含严重认识障碍的额外给付，意外伤残双倍给付，月度或年度分期给付，给付上限5—20年不等
年金			部分产品包含生存年金给付责任	无
满期金		部分传统型产品包含，万能型满期给付账户价值	部分传统型产品包含，万能型满期给付账户价值	无
其他责任		保费豁免/意外医疗等		保费豁免、重疾给付

　　在商业护理保险的起步阶段，由于缺乏经验和数据支持，保险公司尚在探索护理保险的设计思路。虽然是从护理保障需求出发设计产品，但是这个时期的商业护理保险更像是传统两全保险的变形，不同的是除了身故之外失能也是保险金的给付条件之一，护理保险金的和满期金的给付都增

加了年金给付的方式。第三阶段的护理险产品也回归保障，但是设计思路与第一阶段有所不同，多数产品将特定重大疾病规定为触发失能状态的必要条件，是"重疾型"护理险，保险金给付通常规定给付年限，较短的给付3—5年，较长的给付20—30年，但延长给付年限实质上并不是一种责任的扩展。真正的责任扩展有重疾给付责任和严重认识障碍的额外给付，以及特定年龄前意外伤残双倍给付。

五、国际经验对我国商保护理发展的参考

（一）社商结合发展，积极依托和支持社保长护

由前文述，护理保障是一个社会性问题，很难依靠单方力量得以系统性和全面化解决，需要国家层面的干预和支持。因而，各国主要分为政府主导型和社商融合型两种模式发展长期护理保险制度，政府在其中均扮演了相当重要的角色。

当前，我国社保长护已经试点五年，期间商保公司作为主要参与方之一（经办机构），积累了部分地方数据和经验。随着第一批试点的继续深耕，第二批试点的陆续运行，以及长护制度未来在全国范围内铺开，商保公司依托社保长护来为自身商业险产品开发积累更多数据与经验将是我国长护制度发展的必经之路。与此同时，基于与经济社会发展相适应，我国社保制度具有广覆盖、保基本、多层次、可持续的特点，单独依靠社保解决我国民众多元化的长护需求并不贴合我国国情，因而需要商保给到有力支持。综合来看，可借鉴新加坡经验，开发社保长护的商业补充计划，探

索基于个人医保账户或养老金账户的长护制度。

（二）探索适合自身发展的失能评定标准与方式

失能评定是长期护理保险运作流程中的关键环节，失能评定标准直接影响到长期护理保险的定价。从国际经验来看，德国、日本以及法国的社保 APA 津贴均采用了自行制定的失能评定标准，评估体系较为复杂，综合涉及失能、失智等多项维度；社商结合型的美国、新加坡以及法国的商保长护险则采用基本日常生活活动能力（BADL）的国际标准，以 3BADL 为重度失能、2BADL 为中度失能，评估方式较为简便，但未考虑失智因素。

当前，我国社保长护已经建立国家级失能评估标准（试行），综合考虑失能与失智维度，与政府主导型国家相类似，从实地调研来看，评估主要依赖于失能评定机构的医生，且规则较为复杂，单个老人评估耗时相对更长；而我国商保长护险现多采取 ADL 进行失能评定，规则较为简单，效率更高，ADL 的标准更适用于商保，其被业内视为"金标准"。

综合考虑当前我国失能数据积累较浅，但业内已积累多年我国人口的意外伤残及与 ADL 相关的重疾数据，且新加坡与美国精算定价模型均采用 ADL，可为我国提供经验借鉴和参考，因而建议现阶段我国商保护理险依旧采用 ADL 为失能评定标准。但在未来可适当考虑向社保长护标准倾斜，或采用简易智力状态检查量表（MMSE）、临床痴呆评定量表（CDR）纳入失智维度评估，以探索和完善适合我国自身发展的失能评定标准与方式。

（三）津贴给付为主要形式，确定性服务为核心权益

从国际经验来看，除日本外，各国的长期护理保障均以津贴给付为主要形式，直接提供护理服务或对护理服务进行费用补偿的较少。津贴给付的形式：一是更加贴合民众需求与对福利的认知；二是定价所考虑的因素更少；三是实际操作上更加方便。然而，津贴给付也存在相应问题：一是无法保证津贴被真正用于护理；二是存在子女等亲属侵占失能老人津贴的风险；三是投保与待遇给付间的较长时间差造成的津贴难以应对护理费用通胀的问题。

确定性服务才是长期护理保障的核心权益。津贴给付仅是精算师基于失能发生率等假设基础上的风险分散与支付，但真正能有效帮助民众延缓乃至逆转失能进程的仍是护理服务，且需是确定的（即给予客户服务确定权，若投保时约定的服务供应商在护理服务申请时已不存在，该权益不因此而消失，保司为客户选择其他供应商提供护理服务）。因而，商保公司选择的服务供应商所提供的护理服务内容、质量以及机构稳定性便尤为关键。

由此，基于我国当前数据和经验有限，护理险市场客户培育度较低，我国商保产品开发仍可以津贴给付为主要形式，但可以加入确定性服务。

（四）积累经验数据尤为关键，产品设计应体现长期护理风险

我国社保长护刚刚起步，经验数据有限，商保护理也起步较晚，因此在过往或现行的商保护理险产品中较少体现护理风险，大部分为储蓄型

高现价产品。部分产品体现了由意外或特定疾病导致的护理风险，但其多是仅提供三年或五年的护理状态责任给付，较少产品扩展到十年乃至二十年。

从国际经验来看，大部分国家均未对引致护理的原因做出限定，仅是日本对中年段人群（40—64 周岁）设置了 16 种疾病的条件概率。各国定价的数据基础是该国民众的失能发生率或护理服务使用率，而非意外伤残发生率及含 BADL 的特定重疾发生率，定价体现的应是长期的护理风险。并且，单从新加坡经验来看，新加坡卫生部积累了接近二十年的人口失能数据后才发展得较为成熟和完善。按照我国的时间表来看，2035 年前是我国长期护理保险发展经验和数据积累的关键时期。

专题报告三
商业养老保险需求研究梳理及
我国的经验借鉴

  年金保险产品的本质是关于将当前财富进行未来支付转移的合约，投保人在未来的某个时刻可以选择将其一次性的财富兑换为有保证的余生持续的收入流，以防范养老不确定带来的财务支出风险①。根据人类生存的自然规律和当前的社会发展阶段，商业养老保险应该存在内生的本质需求，但关于商业养老保险的购买需求的驱动因素研究还很薄弱。

  本文首先对商业养老保险需求的相关研究成果进行汇总和梳理，对相关的研究文献按照研究选题、研究方法与研究结论进行总结，并结合各国家地区，尤其是我国的实证和实务经验，探索从产品端视角进行商业养老保险需求研究的可能性和关注的重点，为今后该领域的深入理论研究和实证分析提供基础和建议。

---

  ① Life annuities are financial contracts designed to insure against the financial risk created by length-of-life uncertainty by allowing an individual to exchange a lump-sum of wealth for an income stream that is guaranteed to last for the rest of the annuitant's life. 引自 Brown（2007）。

一、概述

2021 年 5 月 13 日国务院第七次全国人口普查领导小组办公室负责人接受中新社专访时 [①]，就记者提出的人口老龄化问题，回答见链接。简要信息如下：

- 我国 65 岁及以上人口比重达到 13.50%，人口老龄化程度已高于世界平均水平（65 岁及以上人口占比 9.3%），但低于发达国家平均水平（65 岁及以上人口占比 19.3%）。

- 我国人口老龄化的主要特点有以下几个方面：

规模庞大。我国 60 岁及以上人口有 2.6 亿人，其中，65 岁及以上人口 1.9 亿人。全国 31 个省份中，有 16 个省份的 65 岁及以上人口超过了 500 万人，其中有 6 个省份的老年人口超过了 1000 万人；

进程明显加快。2010—2020 年，与上个 10 年相比，60 岁及以上人口比重上升了 5.44 个百分点，65 岁及以上人口上升了 4.63 个百分点，上升幅度分别提高了 2.51 和 2.72 个百分点；

水平城乡差异明显。从全国看，乡村 60 岁、65 岁及以上老人的比重分别为 23.81%、17.72%，比城镇分别高出 7.99、6.61 个百分点；

老年人口质量不断提高。60 岁及以上人口中，拥有高中及以上文化程度的有 3669 万人，人口比重为 13.90%。2020 年，80 岁及以上人口有 3580 万人，占总人口的比重为 2.54%。

---

① 国务院第七次全国人口普查领导小组办公室负责人接受中新社专访，http://www.stats.gov.cn/tjsj/sjjd/202105/t20210513_1817436.html。

2021 年 12 月 17 日，中央全面深化改革委员会第二十三次会议审议通过了《关于推动个人养老金发展的意见》，国务院办公厅于 2022 年 4 月 21 日正式发布《关于推动个人养老金发展的意见》（以下简称《发展意见》），全文见官方网站[①]。

根据文献李金辉（2022），自 2018 年 4 月开始在上海市、福建省（含厦门市）和苏州工业园区实施个人税收递延型商业养老保险试点。银保监会共批准 23 家保险公司经营税延养老保险，合计推出了 66 款税延养老保险产品，整体分为 A、B1、B2、C 四类，其中：A 类为固定收益产品，B1 类为保底收益产品（月结），B2 类为保底收益产品（季结），C 类为浮动收益产品。合同生效后，投保人可根据自身需求，在不同类型产品之间进行灵活转换。

从试点情况看，保底收益产品实现保费规模占比 45.52%，固定收益产品占比 41.34%，浮动收益产品占比 13.14%，反映出投保人在规划养老金储备时更倾向低风险产品的偏好。截至 2021 年年底的试点情况见表 1，累计保费收入 6.29 亿元，保单数 52130 件，件均保费 1.2 万元，上海最高件均 1.5 万元。

虽然商业养老保险这样的发展现状还无法与保险业总规模和养老保险第一、第二支柱进行比较，但是，2022 年 4 月国务院的《发展意见》为商业养老保险奠定了最重要的政策和法规的基础。

[①] http://www.gov.cn/zhengce/content/2022-04/21/content_5686402.htm.

表 1　全国税延养老保险试点地区累计承保情况

试点地区	保费收入（万元）	保费收入	保单件数（件）	件数占比	件均保费（万元）
上海市	49754.56	79.13%	33232	63.75%	1.5
福建省（不含厦门市）	6222.28	9.90%	10477	20.10%	0.59
苏州工业园区	3339.79	5.31%	2497	4.79%	1.34
厦门市	3564.02	5.67%	5924	11.36%	0.60

今后几年是税延商业养老保险重要的培育和发展时期，是全国推广、经验积累和不断迭代的时期，也是产品设计大浪淘沙和养老服务经验积累的最好时期，我们将及时跟踪、解析和研判商业养老保险在产品和服务方面的发展进程，从产品和服务与需求匹配的视角进行研究积累。

本专题报告主要包括两个主要部分：第一部分是总结和梳理商业养老保险需求研究的相关成果；第二部分是针对目前的市场环境和研究现状，提出并探讨有价值的重点问题和研究方向。第一部分的总结和梳理从以下两个方面展开：一是对此话题相关研究的典型问题、工具方法和主要结论进行梳理；二是结合各国家地区，尤其是我国的实证和实务经验，规划探索后续开展研究的关注重点和可能的建设方式。

本文的结构如下：第二章将汇总目前商业养老保险需求研究中的问题框架，并就其中典型问题的研究意义和关注重点予以讨论；第三章对目前该类问题和类似问题的研究方法进行总结，讨论相关的技术工具和其与商业养老保险需求的关联关系；第四章结合目前主要研究工作的结论，对商业养老保险需求话题中形成相对共识的观点进行汇集与探讨；第五章结合我国商业养老保险的发展现状和内外部环境，提出有理论和实务意义的重点关注问题，为后续的理论研究和市场建设提供参考；第六章进行概要式的总结。

二、养老保险需求的主要研究问题

在养老保险需求的现有研究中，主要的研究问题为：

● 商业养老保险市场的现状、供需均衡情况和需求满足程度的基础研究。

关于商业养老保险需求的问题首先是梳理背景情况，对市场整体的发展历程和当前状况进行梳理和总结，具体包括：商业养老保险需求的规模、保险的深度和密度等问题，以及保障的覆盖水平和养老需求的满足程度等情况的总结。

● 影响商业养老保险需求的关键要素和要素变动敏感性的基础理论研究。

从经济、社会的逻辑关系的视角，分析影响商业养老保险需求的外在和内在的关键要素及其变动规律，希望建立这些关键要素与保险需求之间的相关关系和传导机制。

● 商业养老保险的主要消费者的群体特征的实证研究。

从消费者分析的微观视角，分析和研究商业养老保险关键人群的特征，旨在通过财务特征、自然社会特征和经济行为特征对潜在的消费人群进行研究，通过科学的方法确定商业养老保险目标人群的特征标签，希望通过研究帮助行业提供更有针对性的产品和服务。

● 商业养老保险产品与需求匹配的实证研究。

寻找刻画和度量产品与真实需求匹配性的基本方法。

● 具体问题的研究。

一些市场目前存在的特殊问题，类似购买力不足、要素刺激性有限等现状的解释和应对方法也在重点研究问题之列。

本报告全文的侧重点是产品分析，从以上对现有研究问题的梳理可以看出，大部分的学术研究还是偏基础理论，实证研究还在探索阶段，提出好的研究问题、建立规范的研究方法和研究结果的现实意义等方面还需要不断探索。

本章将对上述商业养老保险需求研究中的典型问题进行归纳和总结，将重点讨论上面的第 3、第 4 个问题。

（一）商业养老保险的规模、深度与密度问题

养老保险的需求研究的起点便是目前养老保险市场的发展阶段与发展水平，其中规模、深度与密度是最重要的保险市场发展水平度量指标。一般而言：

● 养老保险的规模指的是养老保险市场总的保费收入水平，度量保险市场发展的绝对体量；

● 保险密度是指保费或保障的人均水平，旨在度量人群受到特定类型的风险保障的保护程度；

● 保险深度指一个地区的保费产值占该地区国民生产总值的比例，用来衡量该类别的风险保障参与当地经济活动的程度。

各国家和地区的主要监管部门和研究机构大多会对相应的指标进行监督，世界主要的精算协会也会对所负责的国家/地区中养老保险的对应信息进行搜集和研究。这类报告会对养老保险的规模、深度和密度的当前水平、历史轨迹和未来趋势进行统计分析，并针对可能存在的重大变化提出预警或应对方案。

具体对商业养老保险规模、深度和密度的问题一般从如下的三个视角进行考察：

- 发展历程的视角。研究人员回溯一段特定时长的发展历程，或按照一定的时间周期对其研究的信息来源进行更新，以得到问题关注地区的商业养老保险规模、深度和密度水平的发展历程。一些研究报告会根据发展历程的规律关联内外部环境的特征变化，以探寻商业养老保险发展的管理工具，也有一些研究会根据发展历程的趋势规律对未来的规模水平进行估计，以支持商业机构的业务决策。

- 地区和人群的视角。研究人员按照保险客体的地区、职业、收入、教育水平、出生年代等特征将其分类，并按类别考察其中的规模、深度[1]与密度问题。这样的研究主要为了度量商业养老保险发展的公平性和均衡。

- 规范的经济社会科学的视角。研究者尝试通过理论工具探索理想的商业养老保险规模、密度和深度，并结合现有市场相关特征的水平来判断未来养老金给付覆盖的缺口和目前市场的发展空间。

---

[1] 此处分母 GDP 的计量需要经过一些折算。

（二）商业养老保险需求的关键要素问题

商业养老保险需求要素的研究问题的提出是将养老保险看作一种市场化的商品，从市场供需机制和消费者理性预期（消费）假设出发，研究影响供需的关键要素，进而通过研究要素的预测与控制进行供需的预期与管理。

一类研究问题是研究需求人群的总体体量，将其作为决定商业养老保险需求的基础要素。具体地，这类研究会讨论社会性和人口结构对商业养老保险需求的影响，包括：1）人口老龄化等要素与商业养老保险需求的关系；2）人群健康水平变化引发的长寿风险等健康寿命要素与商业养老保险需求的关系；3）抚养赡养比例等社会单元要素与商业养老保险需求的关系等。探寻这些要素与需求水平之间的关联关系，考虑到我国的现状，这类研究的论证目标基本都是要说明由这些要素的现状必然导致相应的商业养老保险需求。

另一类研究问题从经济环境的角度提出，关注由于财政、货币和投资回报、社会保险保障水平等要素对商业养老保险需求的影响。此类问题主要围绕储蓄、消费、投资和社会保险对商业养老保险的竞争性效应提出，通过分析个体在应对老龄阶段生活资料需要的各种方式中的选择标准和决策体系产生相应的结论。在我国目前的市场环境下，储蓄、消费、投资和社保支出在居民可支配收入分配结构中的占比显著高于商业保险，更高于其中的商业养老保险部分，因此商业养老保险需求对相应要素的敏感性的研究也非常关键。

其他研究问题则关注更本质的要素，从家庭结构、婚育和赡养、人对老龄阶段的态度等视角提出问题，关注一些结构性的重大变动对商业养老保险需求的影响。这类问题从人群对养老的理想要求出发，结合社会现实和变化趋势研究可能的商业养老保险需求水平和缺口，在长期意义下对社保和商保都具有启发性的价值。尤其是我国目前的家庭结构变迁和婚育情况处在一定意义下的拐点阶段，针对这类问题的研究更有助于市场和监管提前做出应对的准备。

（三）关键要素对商业养老保险需求变动的影响问题

对于（二）中一些与决策高度相关的具体要素，或是与我国的发展阶段相契合的要素，或是受政策制度影响较大的要素，则会在其发生变化或者政策出台前后出现大量应景的研究，虽然有大量比较表面性的研究，但随着行为金融理论的发展，也有一些研究基于行为和心理学原理探讨影响商业养老保险需求的外部因素的决策模型。

1. 税收政策的影响问题

从国外发达经济体的经验看，税收政策对商业养老保险需求的影响是最直观的，养老作为合理避税最重要的方式，直接与税收政策关联，受到了广大研究人员的关注。

理论上，具有税收优惠和税收递延政策的养老保险产品理应受到市场的广泛欢迎，但是，各国的实践表明，并不是这样简单的逻辑就可以使得消费者将税收优惠直接转入养老保险的投保。理论研究中，Brown（2007）[Bro07] 提出了"年金谜题"（annuity puzzle）的问题：许多经济学文献表明大多数个人"应该认为"购买年金对个人福利有所提高，但经验证据表明，人们并不像经济学家认为的那样对年金有那种程度的重视。为了更全面地理解为什么消费者的行为是不太重视购买年金，研究框架可能要超越完全理性的范式。进而，该文讨论了可能影响年金需求行为偏差的几个假设，以及年金市场的新发展可能会有助于克服其中的一些假设的限制。

国内的相关研究中，王晓军和詹家煊（2019）[WZ19]沿着这个思路，尝试回答"税延政策真能刺激养老保险市场需求吗？"这类问题。该文采用累积前景理论分析商业养老保险潜在客户的主观效用，借助精算建立养老"投资"的价值计算模型，通过最优决策细致地分析和评估税延型养老保险的价值和需求选择。

在现实中，税收优惠的水平、收取方式和税优基础等细节的设置，都会对养老保险需求产生不同的影响。实际上，即使没有税收优惠政策，养老保险也会将个人收入在生命周期内进行平滑，因此对于敏感于累进税率的消费者都具有降低税负的效果；而对于包含税收优惠策略的养老保险产品，是否能够收获到满足预期的需求刺激效果，还需要根据个人的缴税现状具体分析。

2. 人口结构的影响问题

与税收等社会经济因素比较，老龄化和长寿风险的动态变化是可以预期的，我国的人口出生高峰在60年代，自2020年开始这批人逐步进入55岁或者60岁的退休期，出生人口最多的1963年有两千多万人，根据人口死亡率，每年至少新增1千万人进入老龄人口，规模和占比的增加将为社会带来养老负担的增加已经成为共识。

　　基于人口要素，对养老保险需求和养老保险充足性的研究关注的重点主要围绕三个类别的问题：其一是老龄化和长寿风险带来的未来各个时期的养老负担的变化水平；其二是目前的养老保险体系是否可以有效应对，测算当前的资金缺口和风险保障缺口；其三是探讨缓解或化解相应风险的更好的老龄管理方式和养老方式。

　　3. 经济行为的影响问题

　　储蓄、消费和风险投资收益问题则是养老保险需求研究关注的另一类重要方面，其根源在于无风险利率投资、消费和风险投资在某种意义上是养老保险的替代性和竞争性产品，这些要素与养老保险的需求将产生互动的交互作用。

　　首先，基本研究问题是：无风险利率水平高低或者利率上升（下降）时期相应的商业养老保险需求的变化，无风险利率水平在一定意义上决定了居民的储蓄行为，同时，无风险利率是养老保险资金积累的基准。利率水平的变化对居民的财富配置的影响是一个涉及财富管理和养老的综合研究问题。

　　其次，一般认为，当前消费的增加是养老保险需求的抑制因素，因此，通过对消费数据的实证研究可以间接预测养老保险的需求。

　　最后，风险投资与商业养老保险需求的关系。无风险利率和风险投资收益率对养老保险的影响是复杂的相互作用，这类研究的重点是：利率与风险投资收益率的共同变化规律，例如：同升同降还是此消彼长，在利率与风险投资收益率处于各种情景下的商业养老保险需求，以及有竞争力的产品和价格。

（四）商业养老保险关键人群的特征问题

不同人群有不同的商业养老保险的潜在购买能力和有效需求，一类研究专门围绕不同人群的商业养老保险需求水平，以探索商业养老保险的关键人群的特征，尤其是可以作为市场预测的群体特征和作为营销导向的财务特征。这样的研究问题在实务视角下的意义较强。一方面，对于关键人群的特征研究可以帮助市场监管机构和经营者有效识别商业养老保险的潜在购买力群体，并通过跟踪和调研该群体的变化趋势和行为规律来预判市场的未来走向；另一方面，经营者也可以通过对关键人群特征的掌握有效筛选出营销效率和转化率最高的销售客体，为产品的个性化设定和精准化营销做出辅助。

年龄特征是养老保险研究最经典和主要的研究对象，年龄特征包含两个方面：当前的年龄和出生年代。研究者通过关注实际成交和有购买欲望的群体的年龄特征，研究不同年龄阶段对商业养老保险需求的认识和敏感性；人群的出生年代是目前较为关注的问题，出生年代的不同可能会在健康水平、财务态度、风险视角和文化差异等方面产生不同的保险需求。职业、收入和教育水平也是区分投保人群的主要特征，希望通过对这些特征的刻画辅助经营者精准找到高购买意愿的群体，以提升经营效率控制展业成本。

总的来说，商业养老保险关键人群的特征问题与影响商业保险需求的要素问题存在一定的对偶性，但这个研究视角提出的问题更多围绕在特定群体本身，而与直接通过总群体水平的度量来得到框架性的判断存在差异。

（五）商业养老保险产品形态对需求的匹配问题

保险实务领域更为关注的养老保险需求的基本问题是：什么样的商业养老保险产品形态或者服务能够有效的匹配和最大程度满足消费者的需求。与之相关的研究问题主要分为两类：

其一是实证性研究问题。关注某个特定的现行产品在缴费和保险责任两个主要方面对消费者需求的覆盖程度，通过度量消费者在缴费期购买保险前后是否有效解决其长寿风险管理需要和评估消费者在给付期是否借助商业养老保险金给付实现了老年收入和生活水平的稳定，来衡量特定产品与需求的匹配程度；

另一类偏向理论研究。通过对监管约束、市场要求和精算原理的模型刻画，基于某个优化准则（一般为效用类），探索在一定范围内理论上最优的商业养老保险形态，并对该形态在实务中的可行性和定价、风险管控等问题进行讨论。

产品形态与需求匹配的研究在微观上可以指导产品设计和经营，也具有宏观意义，可以作为行业建设方向的有效监控工具，约束行业供给向满足消费者真实需求的方向发展，因此具有重要的应用研究价值。

（六）商业养老保险购买力需求和终极需求的关系问题

研究商业养老保险的需求，首先要区分购买力需求和实质需求两个方面的差异。养老保险具有时间长、周期性、价值隐性和风险非切身性等特点，如何形成商业养老保险的真实购买需求是一个非常复杂和具有现实意义的研究问题。购买力需求往往不一定与未来养老给付实际需要的终极需求之间存在明显的关联关系，即使在发达经济体中这也是一个有挑战性的问题，正如文献 Brown（2007）在最开始引用 1985 年诺贝尔获奖者弗兰科·莫迪利安尼的观点："众所周知，除了通过以团体保险形式承保的养老金保险外，人们很少购买商业年金保险。为什么会这样，是当前相当有意义的一个主题，也是仍然很少被理解的问题"[1]。

总之，靠完全自由竞争市场来实现的商业养老保险的购买力需求，难以与人们的终极养老需求相匹配，具体地，养老保险的购买力需求与终极需求存在如下的不匹配性。

第一，时间尺度上的不匹配。养老保险的保费支出一般发生在个体的年轻阶段，而养老保险的保险金给付发生在其老龄阶段，以一般人类的社会生活经验为基础，支出和回报在时间尺度上存在数十年的差别。这意味着从保险消费者的角度，消费获得的效用需要经过漫长的时间才能真正实现，存在极大的延迟满足问题。

第二，需求群体的不匹配性。养老的刚性缺口一般针对于老龄阶段资产水平相对较低的群体，而该类群体在年轻阶段的收入水平往往也相对不足。对于这类群体，其需要缴纳的保险费用往往在其可支配收入中占据相当的比例，保费的负担相对较重。而年轻阶段收入水平较高的群体，虽然

---

[1] "...It is a well known fact that annuity contracts, other than in the form of group insurance through pension systems, are extremely rare. Why this should be so is a subject of considerable current interest. It is still ill-understood." Franco Modigliani, Nobel Prize acceptance speech, December 9, 1985, Stockholm, Sweden.

有充分的保费缴纳能力，但由于其自身的财富水平和资产增长能力，老龄阶段的养老缺口也并不显著。因此养老刚性缺口的对应群体与有充分养老保险保费支付能力的群体存在显著的不匹配。

第三，给付水平的不匹配。养老缺口中医疗健康与卫生服务的缺口占比相对较高，理想的养老保险给付应该充分应对可能的医疗健康与卫生服务需要。但医疗通货膨胀水平大于一般通货膨胀水平是一个具有一般性的经济事实，同样货币尺度的给付在应对医疗健康与卫生服务需求时可能面临更大的挑战。故而养老保险的给付水平往往在老龄个体面对医疗卫生需要时，产生给付水平的不匹配。

总而言之，购买力需求与终极需求的差别对于养老保险需求的研究可能是商业养老保险需求研究中具有重要的理论价值和现实意义的选题，该研究问题涉及诸多方面：社会保障、自然人的消费投资行为、养老的社会属性和个人属性、现代社会公民对国家和个人责任的认知等。至少，目前观察到的现象是，人群在青壮年时期对养老保险的购买需求不足，但在老龄阶段则会受困于养老保险的给付不足而产生生活资料的紧张和生活质量的下降。购买力需求与终极需求的差别的成因、水平及应对方法也成为养老保险需求话题的典型研究问题。

三、商业养老保险需求问题的常见研究方法

（一）供需模型和一般均衡理论工具

供需理论和一般均衡模型是微观经济学中研究市场规模和价格问题最

经典的工具之一，1874 年 Walras 借助供需工具用来量化地刻画市场中由于买卖双方在价格影响下愿意提供的商品和愿意接纳的商品的变化，并提出一般均衡理论来确定买卖双方在量价均达成一致的情景中商品的成交量和价格水平。

任何对于市场规模和供需的研究都不会绕过供需模型和一般均衡理论，但商业养老保险在均衡模型的视角下存在一定的独特性。首先，消费者作为养老给付的需方，其真实需求和购买力需求具有差异；其次，商业养老保险作为保险产品，其给付具有不确定性；另外，商业养老保险作为社会养老保障的补充，并不是孤立的商品而是存在竞争性作用。这都使使用均衡模型研究商业养老保险的供需具有一定的挑战。

最朴素地，均衡理论认为需求曲线的变化会影响均衡点，从而影响供给水平的变化，反之亦然。因此，通过均衡理论研究商业养老保险需求的基本途径便是研究商业养老保险供给对需求的拉动作用。研究者考察历史上商业保险公司提供的商业养老保险产品的保障和价格，形成各个时期的供给曲线，并对该时期的实际成交水平进行统计，继而建立需求水平与供给曲线的关系，得出相应的结论。

均衡理论下另外一个经典的研究视角是研究供给侧和需求侧的竞争关系对某一特定商品的影响。从供给侧的视角，研究人员的关注围绕在社会养老保障、商业养老保险和家庭/家族式养老间的竞争关系上；从需求侧的角度，个人的储蓄、投资和消费都作为购买商业养老保险的竞争性行为，被研究者纳入需求竞争的考虑。具体地，研究工作使用计量经济工具，对各竞争关系间的竞争弹性水平进行度量，并借助有效前沿技术构建帕累托均衡边界，通过刻画边界随竞争商品的供求曲线变化的变化规律产生商业养老保险需求的变化规律。

均衡理论是研究供需的基本工具，许多工作即使不以均衡理论作为技术核心，也会站在均衡理论的视角对商业养老保险需求的水平和变动进行解释。

（二）基于生命周期模型和世代交替模型的需求研究

从群体的视角对养老保险需求进行研究虽然有利于掌握需求变化的方向和规律，但由于变化传导的复杂性和系统性，难以对特定群体产生针对性的精确结论。而对于一些已知收入、寿命、健康水平和其他外生要素水平的典型个体，使用个体视角的研究工具开展工作则可以更好地应对上述问题。

从个体的视角，养老保险是在青壮年阶段支出一定水平的现金流，换取在老龄阶段对应水平现金流的流入。其本质是现金流流入时间、流入水平和期限的变换。因此，主要的研究集中在关注这样的现金流变换对一个典型个体的一生的影响和对一个典型家庭的长效影响上。前者属于生命周期模型的模型框架，后者则属于世代交替模型对应的问题范畴。

在这两类模型下的养老金相关研究是相对比较丰富的，其中围绕最优缴费率、理想缴费 / 给付方式、收入替代水平等问题的研究可以看作针对养老保险需求的研究。以老龄阶段收入替代和缺口满足水平为目标的研究可以对应终极需求问题，而以青壮年阶段的支付意愿和支付能力为目标的研究可以对标在购买力需求问题上。

具体地，Liao，（2016）[LNC16]；Wang，（2019）[Wan19]；Jappelli，（2019）[JMP19]等人在生命周期模型框架下对最大可能收入替代，理想收入波动平稳性和最大主观替代水平等目标下的商业养老保险参与率进行测算，Johansson，（2000）[Joh00]；Ishay，（2021）[IL21]等研究则在世代交替模型框架下以基金稳定性和最大持续保障收益等要求为目标对最优参保形式[①]、参保比例和参保水平进行度量。两类研究都得到了具有启发性的结论。

1. 生命周期模型中的养老保险

与世代交替模型一样，生命周期模型最初也被用于分析典型个体的行为以建立微观经济与宏观经济的联系。早期存在一些研究使用生命周期模型研究最优储蓄和最优消费等问题。

在生命周期模型中，收入、储蓄、消费、保险、投资等行为按期被离散或连续的排在一个典型个体的生命各期限内，并在各期限中产生相应的财务结果和效用结果。模型将财务结果和效用结果按期限进行累加，加以调整后作为最终的目标函数，最大化这个目标函数以求解典型个体在此情形下的理想行为。

以一类典型的离散时间模型为例。对典型个体从 0 至人类的最大寿命 T 间的财务与效应过程建模。基于基本的财务理论，典型个体的财富余额（总资产）A_t 在各期限间应该满足

$$A_{t+1} = (A_t - I_t)(1 + r_f) + I_t(1 + r_t) + R_t - C_t - p_t + P_t,$$

$$t = 0, \ldots, T-1$$

---

① 保险形式的研究是探索性的。

其中 A_t 代表个体第 t 期初的财富余额，I_t 代表个体将财富配置在风险资产中的水平，R_t 为当期的收入，C_t 为当期的消费支出，p_t 为当期缴纳的保险费用，P_t 为保险的给付，保费与给付间需要满足一定的精算原则。

r_f 作为无风险资产的回报率水平，一般是确定的值；r_t 作为风险资产的回报率水平，一般在模型中使用随机变量代表。

在每个期限内，个体的财务行为和财务结果将产生一个效用水平，经典意义上可以用如下的方式表达：

$$U_t = U(C_t, A_t, R_t)$$

其中如果个体死亡，则仅在死亡时点产生一个遗产效用，后续的效用则为 0。

按照一定的贴现规则 rU 将效用累积起来，辅以一些关于波动、借贷、风险等因素引发的罚项 b({At}, {Ct}, {Ut})，可以得到最终的目标函数

$$\sum_t U(C_t, A_t, R_t)e^{-r_U t} - b(\{A_t\}, \{C_t\}, \{U_t\})$$

以 {A_t}、{I_t}、{p_t}、{P_t} 为控制变量求解目标函数的最优化问题，可以得到对应的最优养老保险需求水平和给付方式。

2. 世代交替模型中的养老保险

世代交替模型也叫世代交叠模型，最早由萨缪尔森为了寻找货币宏观规律的微观解释而引入经济理论。这类模型通过为不同出生时点的群体建立行为模型，并将不同时点出生的群体在同一时刻的行为状态结合起来，形成不同世代在同一时刻的交叠，研究交叠的情形下微观行为特征与宏观规律的关系。

在养老保险的问题中，世代交替模型具有天然的理论优势。首先，养老保险问题中的群体天然的分为三个生命阶段，分别是没有任何收入的儿童阶段、有劳动收入但需要支付养老保险费用的青壮年阶段，和接受养老金给付的老龄阶段。在某一个特定的时点下，三种不同生命阶段的人交叠重合，既有人群向养老金账户缴纳保费，也有人向养老金账户索取给付。因此，不同生命阶段人的行为特征和不同时刻世代交叠的结构则成为决定账户规模和账户变化的重要因素，关于最优保障规则和最优账户规模的研究也可以就此展开。

同样地，我们取最经典的等长两期世代交替模型为例。假设一个标准个体的一生分为两个等长的阶段，就业期和退休期。对于 t 时刻出生的个体，其在 t 期间处在就业期，在 $t+1$ 期间处在退休期。个体的总收入为 W_t。[1]第 t 期出生的个体在两期生命中的消费、储蓄和养老保险行为需要满足如下等式：

$$\begin{cases} C_t^t + p_t^t + S_t^t = W_t^t \\ C_{t+1}^t = P_{t+1}^t + S_t^t(1+r_f) \\ P_{t+1}^t = p_t^t(1+r_p^t) \end{cases}$$

其中 C_t^t，C_{t+1}^t代表 t 时刻出生的个体在两个生命阶段的消费水平，S_t^t代表其储蓄水平，p_t^t代表其支付的养老保险金，P_t^t代表其得到的养老金给付。

---

① 这里与上文生命周期模型的符号不同，但是为了尊重各自经典研究的符号系统，我们保留这种差异。

等式组中：第一个等式意味着个体的消费受到总的收入水平的约束；第二个等式则意味着在退休期，个体只能消费其就业期的储蓄和养老保险的保险金给付；第三个等式则代表养老金给付和养老保险保费间需要遵循一定的精算保费规律。

约束中，r_f 代表个体储蓄带来的回报，作为无风险收益率一般表达为常数。而 r_p^t 代表养老金给付相对保费支出的"回报率"，其中既要确定性地考虑收益率和风险溢价，也包含了由于个体死亡的随机而引入的不确定性，因此 r_p^t 和 P_{t+1}^t 都是随机变量。

个体需要通过最大化其效用水平来决定其最优的储蓄和养老保险购买水平。即

$$\underset{C_t^i, p_t^i}{\text{Max}} \ U(C_t^i) + e^{-r_f} U(C_{t+1}^i)$$

其中 $U(C_t^i)$ 是就业期的效用函数，而 $U(C_{t+1}^i)$ 是老龄期的效用水平，由于 C_{t+1}^i 是随机变量，因此 $U(C_{t+1}^i)$ 是效用泛函，其中也包含了对风险项的惩罚等调整。

对于这个风险惩罚项，于现收现付制的养老保险，其中也会包括保险资金池的充足性等指征；而一般的商业养老保险问题中，保险公司的偿付能力则可能作为替代指征进入相应的风险惩罚。无论是资金池的充足性还是保险公司的偿付能力水平，都与目前或累积状态下总资金池的流入流出有关，这便需要使用世代交叠的原理对整个市场的流入流出进行度量。

对以上约束最优化问题进行求解，可以得到市场均衡意义下的养老保险保费支付水平，也可以认作为理想状态下的养老保险购买力需求水平。

（三）效用体系和累计前景理论

效用作为一种度量非期望的财务结果对决策主体的影响水平的工具，在微观经济行为的理论体系中是一种重要的度量工具。效用工具被广泛地应用于各类研究问题中，在保险需求相关的问题中也有大量的应用，上文提及的生命周期模型和世代交叠模型的研究成果中，也有使用效用或其衍生度量来设计问题的目标函数的工作。

将效用工具和其后续的（累积）前景理论作为一类单独的工具进行讨论，是由于该类工具处理的主要是当孤立的平均财务结果难以成为决定决策主体行为选择的唯一标准时产生的应用问题。在这样的情境下，研究工作需要使用拓展的工具对财务结果的分布、极端情况、相对水平和对于预期的差异等特征也纳入到决策的标准中，进而产生决策主体在考虑上述因素之后形成的决策行为。

最早的效用理论又叫消费者行为理论，被设计用来刻画消费者在消费行为影响决策的主观因素。该工具自然也适合进行保险消费需求的研究与刻画。在研究保险需求的效用工具中主要有两种应用方法，其一是通过选择一个凸的效用函数，借助 Jensen 不等式使得效用函数的期望值小于期望的效用函数值，进而刻画消费者的风险厌恶特性；其二则是在效用函数中纳入某种风险度量作为期望回报的减项，以体现不确定性给消费者带来的风险成本。前者在规范经济学中较为常见，后者则大多应用在实证问题和一些理论应用的简化场景中。

朴素的效用理论在解释消费者对损失和收益时产生的不同主观处置

规律等问题时存在缺陷，因此在 1992 年 Tversky 和 Kahneman 提出累积前景理论，通过设置损益参照点，将大于该点的回报认定为收益、小于该点的回报认定为损失，进而实现损失和收益的独立刻画。此外，一些研究也注意到决策主体对不确定性的主观概率认识和随机变量的真实分布间存在差别。个体倾向于高估小概率事件发生的概率，低估大概率发生事件的概率。因此，累积前景理论也通过设置决策权重的方式，将客观概率扭曲为主观概率，实现对决策者行为更为精确的刻画。损益参照点和决策权重是累积前景理论对朴素效用工具的推广中最为关键的设定，显著增加了模型工具对真实世界的解释力。

一般地，累积前景理论使用如下的效用函数：

$$U[X] = \begin{cases} U_1[X], & X \geq c \\ U_2[X], & X < c \end{cases}$$

其中 $U[X]$ 是作用在随机变量 X 上的效用函数，c 是损益参照点。$U_1[X]$ 是决策主体对于收益的效用判断，而 $U_2[X]$ 是决策主体对于损失的效用判断。二者不同，但对于消费者而言都满足风险厌恶的特性，经典的累积前景理论也认为损失的效用判断的风险厌恶程度更高。

同时，累积前景理论也对目标函数进行如下的调整。在经典的效用工具下，目标函数使用客观概率测度下的效用水平的期望作为目标函数。而在累积前景理论中，问题具有如下形式：

$$\max_{\{a\}} E_Q[U[X(a)]] \Leftrightarrow \max_{\{a\}} E[U[X(a)]\omega(f(X))]$$

其中 $\{a\}$ 是控制变量，$\omega(f(X))$ 是对不同结果的决策权重，该调整会依据对应结果出现的客观概率的大小实现，大概率的结果其权重调整会向小，小概率的结果其权重调整会向大。

在典型的商业养老保险需求研究问题中，此类工具被用来刻画受商业养老保险覆盖的个体的效用水平，并通过最大化该目标函数以刻画消费者的行为规律和需求水平。

（四）问卷调查与市场调研方法

与上述的理论工具不同，问卷调查与市场调研等研究工具具有更强的实务意义，所得到的研究结果也与市场的真实情况更为接近，具有更直接地指导生产实践的意义。在一些情境下，商业养老保险需求问题关注集中在特定时刻特定群体的需求状态和需求水平上，这类问题与问卷调查和市场调研工具更为匹配。

针对商业养老保险需求的研究工具中，问卷调查是最直接的调查工具。该工具一般直接通过设计与需求水平、需求特征和需求变化相关的问题，形成调查问卷，按照科学的方式向研究问题关注的特定群体发放，并根据收回的问卷答案进行描述统计，形成研究问题的结论。调查问卷会同时记录被调查者的客观信息和其对问题的回答，因此该类研究也会产生个体特征与需求间的关系类结论。

市场调研的客体则相对广泛，既可以覆盖需求的对应群体，也可以覆盖供给方、市场第三方和监管方等于市场有关的各种角色。部分关于商业养老保险需求的市场调研是通过向保险机构的代理人进行调研实现的，通过考察保险产品销售的成本和难易程度度量需求的变化；也有部分市场调研围绕保险公司的销售跟踪和回访实现，可以通过被保险人对风险保障的满意程度衡量商业养老保险需求被满足的程度。

问卷调查和市场调研方法具有假设宽泛、贴近现实、可理解性强、模型风险低等优势，在特定问题的研究中具有更好的表现。但在使用该类工具及其研究结果时，需要提高此类研究对特定时空和特定人群的依赖性。内、外部环境发生变化时，过去的研究结论很可能不再成立，需要重新开展调研或诉诸其他研究方法。

四、养老保险需求研究的典型结论

对应于本专题报告第二章"养老保险需求的主要研究问题"，本章对关于养老保险需求的研究结论进行总结和梳理。

（一）影响养老保险需求的要素及其影响

首先，这类研究的主要结论是回答这些因素是否有影响及其影响大小的问题。早在 Headen（1974）[HL74] 便将养老保险的需求与三类主要的市场要素相关联。其一为供给的拉动；其二为储蓄的替代竞争作用；其三为潜在的养老市场缺口。后续也有许多研究在宏观的框架上对影响养老保险需求的要素进行细化和分类，列出了诸如利率、经济发展、储蓄、收入、税收、寿命、人口年龄结构、家庭结构、教育、文化和人群风险偏好等大量可能有关的要素。

其次，随着理论研究的进展与实务经验的积累，行业也逐渐意识到各类要素对养老保险需求和市场规模的影响存在不同的传导方式，具体地，可以分为以对标养老缺口的养老保险终极需求研究的结论，和以对标养老保险消费的购买力需求的研究结论。

1. 宏观经济要素

可能影响养老保险需求的宏观经济要素主要包括以人均水平和增长率为代表的经济发展要素、利率和通货膨胀率等货币性要素以及劳动收入水平、储蓄率、税率等个人部门财务性要素。关于经济发展对养老保险需求的影响结论如下：

当前时点的经济发展水平影响青壮年人群对于老龄阶段养老服务的要求预期，也影响老龄个体目前的养老产品需要；较高水平的人均收入可以使青壮年人群具有充足的保费支付能力，也将使老年人群的养老需求充分深化和多样化，产生较大的需求容量。经济增速则主要通过影响青壮年人群对未来的预期影响养老保险需求。经济周期对养老保险需求的影响表现为，经济萧条时期的购买力人群由于面临即时的生活压力，难以拨出充分的现金购买养老保险，对远期未来的生活质量也不甚关注，因此终极需求和购买力需求都被抑制；经济复苏期的低财富水平和高增速将使购买力群体有相对充分的购买能力，但由于总财富水平的制约其终极需求的总量也有限；经济过热期和衰退期间，人群的购买力大于真实的终极需求总量，可能产生购买力需求超过终极需求的暂态，但最终会由于衰退导致的信用问题和流动性问题通过退保回归到一般水平。

关于货币性要素对养老保险需求的影响结论如下：

利率的增加会导致保费的下降，进而使购买力需求更易得到满足，但利率的增加也会同时影响个人部门的储蓄对商业养老保险的替代率，进而使实际形成的商业养老保险购买受到影响。[HS08]认为经济发展水平和实际利率水平与商业养老保险市场的发展具有显著的相互作用。通货膨胀的影响则更为直接显著，高通货膨胀率会使青壮年群体对未来养老服务的成本预期有所增加，拉动潜在的终极需求的调升。汇率的变化也对本地养老保险需求存在一些间接的影响。相对较高的当前本币币价会使以外币计价的养老保险更有经济效率，在挤占本地购买力需求的同时，间接影响终极需求的缺口水平。此类影响的效率也将受到老龄人口的流动性、外汇的管理方式和文化层面的属地依赖等诸多特征的调整。

关于个人部门的财务性要素对养老保险需求的影响结论为：

个人收入的上升将唤醒人群对高质量生活的预期和依赖，进而提升终极需求，而个人收入水平也支持了购买力需求的提高。储蓄率的上升则对应着人群或倾向选择通过个人储蓄方式实现养老，没有较高的老龄风险的转移需要，标志着终极需求水平的下降；收入税会影响人群的劳动报酬率，提升税率的影响与收入水平下降带来的影响类似。但如果提升税率的同时具备一定的税延或税优政策，则可能带来对养老保险需求的主动刺激。这样的刺激在西方养老保险需求研究的典型结论国家具有很高的显著性，但在我国目前市场并不明显，[WZ19]认为税延养老保险对个人的吸引力大于非税延养老保险我国当前较低的税优水平很难激励人们购买商业养老保险只有当税优水平足够高时，才能有效刺激年金市场的实际需求。这也表明其刺激规律需要受到地区整体税收制度框架的制约。

需要注意的是，宏观经济要素对养老保险需求的影响很难通过单一指标的影响率进行度量，尤其需要考虑各类宏观经济指标间的关联性和对需求影响的复合性。使用计量经济学工具在进行类似的研究时，研究的结论与模型假设、变量选择和时空特征都存在明显的关联，难以得到一致性的结论。一个比较一致的观点认为，通过宏观经济要素对保险需求的估计可以作为一个趋势性的市场判断，但不宜作为相关主体进行业务决策的直接依据。

2. 人口学要素

老龄群体本身作为人口学关注的重点群体，在相关的理论体系下有着充分的理论技术和实证工具。养老保险的需求问题则横跨老龄群体的规模、预期、家庭环境和健康质量，可以充分借助人口学要素对其进行分析与讨论。具体地，对养老保险需求的影响可以通过人口结构、家庭结构和健康水平三类要素的影响展开研究。

人口结构一般可以直接决定养老保险终极需求的基本水平。当前时点的老龄人口规模可以作为度量目前养老缺口的基础，而当前时点的青壮年人口规模也对应未来时点的养老终极需求。从购买力群体的视角来看，当前时点的青壮年人口规模越大，产生的购买力需求也越大。基于历史趋势的外推估计，人口老龄化被认为将对未来老龄群体未预期的支出通过卫生技术进步、通货膨胀和寿命延长等路径产生影响，并确认这种变化将会对商业养老保险和个人资产管理业务的需求带来正面的刺激。研究认为，家庭养老与社会养老和商业养老互为补充。生育水平提高，青壮年子代可以为其家庭内部的老龄个体提供一定的生活资料，也在看护和日常生活支持等角度上降低了老龄个体对社会服务的需求和依赖。婚姻水平也会对养老保险需求产生一定的影响。一方面，实证表明老龄个体在夫妻双方都存活的情境下，对外部资源的依赖远小于孀居寡居老人；另一方面，购买力群体中的非婚部分则表现出对养老保险更显著的依赖性。健康水平对于养老缺口的影响则是双向的，这样的双向属性从个体的视角看来更便于理解。一方面，健康水平较高的个体一般具有较高的预期寿命，在退休后领取养老保险给付的总量也相对更多，因此同样水平的保险费下健康个体的保险效应更高，其购买养老保险的动机也更为强烈；另一方面，健康水平较高的个体在其老龄阶段可能面临的医疗与卫生支出相对偏低，这也使其无须购买高水平的养老保障用以应对后续的健康维持费用，进而降低其购买力需求。

即使将诸多因素共同考虑，健康水平和预期寿命也在影响商业养老保险最显著的要素之列。从群体的角度而言，健康水平对个体保险需求的影响部分地传导至总的终极需求和购买力需求上。以人口总体作为度量标的，健康水平的提升将会显著增加预期寿命，使终极需求出现系统性地增加；而健康水平的增加带来的健康支出下降则是临时性的，卫生统计年鉴的结果表明，以同一地区同一时期为前提，健康水平更高、寿命更长的个体，其整个生命过程中的医疗费用反而高于平均水平。换句话说，个体的健康并没有降低整个生命周期的医疗费用，而仅仅是延后了费用发生时点。总的来说，健康水平的增加在宏观的角度下对终极需求的影响是显著正向的，但由于健康个体对于其健康支出的预期不足，导致购买力需求受到反向的影响。

从我国实务的角度而言，社会养老保险的资金池日渐承压，但青壮年群体对养老保险产品的兴趣偏冷，都可以佐证上述结论。人口老龄化、生育率下降和健康水平的增加，综合来看拉高了养老保险的终极需求，但却相对遏制了购买力需求，实际上拉大了购买力需求和终极需求的缺口，也是值得市场和机构关注的重点问题。

3. 社会学要素

与社会养老保障体系存在区别，商业养老保险是一种商业行为，故而商业养老保险的需求可能更多的非经济和人口的社会学要素的软性摄动。目标群体的风险态度、老龄文化、教育水平和社会角色等特征，都会影响到整个市场上养老保险终极需求和购买力需求。尤其是一些随着时间和社会发展阶段渐变而产生系统性平动的社会学要素，对市场整体需求水平的影响更是显著高于常见的结构性变化和波动性影响。

从风险转移的角度来看，养老保险的购买具有典型的老龄风险转移意义，因此人群对风险的态度将对养老保险的需求产生影响，这样的影响可以从三个维度进行分析：

其一为对目标风险的认识与预期；人群关于目标风险的认识与预期对养老保险需求的影响是直接的，也是罕有争议的。对老龄经济缺口的主观高估将导致终极需求和购买力需求的上升，而对缺口的低估则可能导致需求和成交的不足。对老龄阶段收入水平替代性的不确定性控制要求越高的个体，商业养老保险需求水平也越高。

其二是对其他风险的认识与预期；风险效用理论和一些实证结果表明，自然人倾向于将风险厌恶集中在最显著的风险标的上，而对其他的风险标的则倾向采取主观侥幸的回避心理。这意味着如果其他风险的水平对老龄风险造成了掩盖效应，则会造成购买力群体对老龄风险的认识与预期不足，进而产生购买力需求的抑制，而终极需求的水平未变，未来的缺口可能会更为显著。这实际上是目标风险和其他风险构成了竞争效应的结果。

其三为风险偏好，或风险厌恶程度。一般地，更保守的群体倾向购买更多的保险产品，但这在养老保险需求问题中并不完全适用。更本质地说，养老保险更多意义上实现的是两类风险的交换，被保险人通过购买养老保险产品将老龄风险与货币贬值、短寿、险企违约[①]等风险进行交换。二者的风险属性不同，老龄风险损失若未被覆盖，被保险人面对的情形是生活质量的部分下降，个体依然可以通过量入为出等方式动态安排其老龄财务规划；而如果短寿、货币贬值和险企违约等事件发生，对被保险人的影响则可能是重大的、根本性的。因此，适度的风险厌恶可能会抬升养老保险的购买力需求，但过高的风险厌恶水平则会使群体选择储蓄或提前消费等更保守的策略。有研究基于生命周期模型，论证了风险厌恶水平与利率和退休年龄一样，对商业养老保险需求具有显著的影响。

一国或地区的老龄文化对养老保险需求的影响也是深远的，它决定了老龄群体生活资料需要的水平和弹性。

首先，遗产动机是财务敏感性最高的老龄文化要素；如果老龄群体对遗产的需求并不明显，则可以通过住房反向抵押养老，出售固定资产养老等策略进行老龄阶段生活资料的获取，进而并不产生明显的养老保险终极需求。尤其是目前的非剩余个体显著增加，遗产动机对购买力需求的影响也将较快地体现到市场的表现中。

[①] 需求的度量需要站在购买力群体的视角上，由于养老保险的长期性和关键性，即使有保险保障基金等制度性保障，险企的违约和破产仍然会是消费者的考虑因素。

其次，老龄生活观和生命观也是影响养老保险需求的重要因素；部分老龄个体选择根据其收入水平的变化调整支出水平，不愿牺牲青壮年阶段的生活质量换取老龄阶段的额外生活水平，这使得购买力需求下降。老龄个体的生命观则会通过其对医疗健康支出的管理影响到养老保险的终极需求，临终关怀和"不插管"运动[①]等概念的兴起标志着老龄群体更多倾向选择在个人体验和经济效率上都更优的医疗健康方案，也使相关群体对养老保险的需求出现显著下降。

进而，老龄劳动力也对养老保险需求水平造成了影响；随着医疗技术和生活水平的提高，许多老龄个体在退休年龄并未显著丧失劳动能力，现代社会的很多职业对经验和熟练程度的要求很高，老龄个体反而能够获得更高水平的劳动报酬。而老龄个体在家庭、社会认同和个人价值等层面的诉求也驱使其并不完全倾向选择离开工作岗位完全赋闲。在这样的前提下，养老保险需求的重要性也会大大减弱。

最后，从现实的角度研究教育水平、职业、社会角色、地区、民族和信仰等社会因素对养老保险需求的影响可能是更为可行的，但这类研究尚缺乏理论支撑。这样的影响机制和影响水平往往随时间和社会整体运行而变化，其结果和变化也是复杂的，机构和市场需要专事专议，不宜因循成法。

目前较为一致的结论是：教育水平的提升可以促使购买力群体充分认识老龄风险和养老缺口，继而增加购买力需求；财富水平、社会角色和职

---

① 指对老龄重疾个体在难以治愈的情境下，采用以体验而非治愈为目标的医疗干预策略，放弃昂贵痛苦但意义低下的生命维持措施，转而保障个体临终感受的健康选择。

业角色相对较高的群体也会出于资产多样化和财务系统性的需要实现相应的养老保险配置。但这些影响也难以区分是直接的还是由于上述已经讨论的要素而间接的，因此也需要谨慎地参考。

SOA 对养老需求进行了长期的跟踪调查研究，最近的一次研究报告于 2021 年发布，调查对象包含未退休和已退休人员，问题包含五个主题：退休风险以及相应的规划，包括退休问题中的主要趋势；退休收入和支出情况；应对未来变化的准备和措施；冲击和意外事件的影响，该研究一直重复的主题；健康和护理的问题。这项在疫情期间进行的研究展示了未退休人员和退休人员的不同观点，退休人员比未退休人员更加不担心自己的财务状况。关键发现是，退休人员对大多数退休风险的担忧程度低于 2019 年。

自然地，经济状况特别是收入水平，对许多方面都有普遍影响。低收入受访者对财务问题的担忧更大，对退休的期望也不同，他们对应对退休带来的冲击和不确定性准备不足。不同种族和信仰的结果也存在差异，但比收入的结果更难预测。

这项研究提出了关于疫情对退休人员财务状况的短期和长期影响的问题，虽然目前大多数未退休人员和退休人员都认为疫情对其财务状况没有影响，但世卫组织表示受疫情负面影响的人数将远远高于认为是积极影响的人数。

上述重要结论也可能是相互关联的。例如，退休人员对疫情期间的担忧可能低于未退休人员，因为他们受益于支出减少和整体金融市场的表现，而不必担心失业。与此同时，令人担忧的是，近五分之一的退休人员认为，由于疫情他们的境况更糟，康复的机会可能更少。

袁雪梅（2018）[XTM18]基于调查问卷研究方法，确认了影响养老保险需求的以下个体特征的排序：以收入、消费和风险偏好为首，教育水平和风险意识次之，家庭结构和职业再次之。

总而言之，宏观的、人口性的和社会性的要素均会对养老保险的终极需求和购买力需求造成影响。但影响的方向复杂，传导机制也是结构性的，一般很难直接通过要素的表现水平估计或预测需求的水平，更好的实务应用应该建立在指标变动对需求变动影响的边际作用上，结合敏感的跟踪和实时的政策调整实现对需求的有效掌握。

（二）商业养老保险需求的规模、深度、广度及趋势

各国的保险发展历史不同、目前所处的阶段也有所区别，在各国的报告中较为共性的特征如下：其一，随着经济的发展和社会的进步，养老保险的规模、深度和密度都有所增加，但增加的速度无法追及老龄群体养老需求增长的速度；其二，养老保险的深度和密度存在显著的地区不平衡和人群不均衡，不同经济发展水平的地区和不同教育／收入／职业的人群获得的风险保障水平存在显著差异；其三，医疗卫生技术的发展和人口老龄化等趋势性的重大变化在推动养老保险规模的增加，但也更大程度上加深了养老基金和养老服务产业的压力。

具体地，瑞再研究院的研究报告[AC18]认为，面对人口的快速老龄化的新兴经济体将会面临高水平的养老金储蓄缺口，可能高达 GDP 水平的数倍；适当引入商业养老保险资本有助于提升整个养老体系的资本

充足性，或可缓解老龄化带来的养老金储蓄压力；此外，研究报告认为养老体系的商业化改革可以有效刺激商业保险行业和整体经济，对缓解政府负债也有一定的正向作用。从个人的视角而言，商业养老保险也可以切实解决新兴经济体中个人财富高度波动的问题，平滑其全生命周期的财富水平。

美国 OASDI 的报告［Ano11］也表示，在中性预期下社会保障基金将于 2035—2045 年耗尽，届时对需要商业养老保险的需求将产生更大幅度的提升，6500 万老年人和 1.7 亿青壮年都在可见的未来需要认真考虑商业养老对社会养老基金的补充。

刘方涛（2021）［LGZQ21］对我国居民退休后实际收支缺口进行外推估计，预计 2025 年我国商业养老保险的潜在需求水平为 6.9 万亿，2030 年为 9.9 万亿，2035 年为 13.6 万亿。中国 2021 年年金产品的统计结果表明，46% 的年金产品为养老年金属性的保障，相较 2020 年度的 36% 出现了较为显著的增长，行业的需求分析会也认为目前我国养老保险的深度和广度尚小，整个商业养老保险领域的需求尚存较大的发展空间，并且可能随着外部因素的变化产生新的产品热点和商业机会。

（三）购买力需求与终极需求的关系解释

许多研究致力解释或解决这样的问题，虽然基于不同的假设和模型工具，但是也产生了一些一般性的结论。

首先，收入水平制约了购买力需求向终极需求的靠拢，研究认为存在一部分个体的生命周期总收入水平不足以应对其整个生命周期的支出，这样的需求缺口是由于总收入水平的制约导致的，与养老保险的形态无关，需要经济发展、收入提升和转移支付等政策性的支持解决，并认为以公共购买养老保险的方式进行转移支付具有制度优势；

其次，消费、储蓄和投资的竞争效应式养老保险购买力需求的竞争性因素，过热的消费和过高的个人部门资产性回报可能会抑制购买力需求随着终极需求的提升而提升。对于消费过热带来的问题，需要实体经济市场和服务业市场产生联动性的调整，而对于个人部门资产性回报带来的影响，则需要机构充分提升其管理效率和投资能力，充分利用机构在资产回报率上的竞争优势，并且科学设定保险形态和提供丰富的给付形式来解决。（Bassett，1981）[BFJR81] 在讨论中指出，90 年代的美国商业养老保险市场将竞争视角更多地放在养老年金产品间的形态差异上，而忽视了结算利率这个与投资和储蓄相竞争的最关键要素，因此尚存在很大的发展空间；

此外，风险意识和延迟满足的因素也制约了购买力需求。实证研究表明，几乎所有的青年群体和大多数中年群体对养老问题缺乏认识，没有考虑或没有认真考虑过老龄阶段的消费问题和长寿风险。而延迟满足的效用折损属性也使养老保险在财务均衡与效用均衡的矛盾中处于劣势。一般地，研究认为充分的风险教育、稳定严格的监管市场环境和适当的强制性策略是应对这类制约的最好工具组合。

五、产品视角的商业养老保险需求

从已有的研究看，商业养老保险需求问题仍然是一个存在很多挑战的研究选题，无论是经济发展阶段和决策理论层面的抽象研究还是面向具体市场的实证研究，都有很多的基本问题和谜题没有得到解答。

从现实看，商业养老保险既具有社会属性也具有金融属性，其与社会保障和投资理财的关联性远高于其他的保险产品，如何建立适合的市场机制、机构经营模式和设计切合需求的产品都是新的有挑战的问题。

结合本研究报告对保险产品的定位，我们认为，从产品视角研究商业养老保险的需求，可以分为以下三个大的方面：一是进一步扩展和建立适合于商业养老保险需求的经济发展理论和风险决策理论。二是结合实务从目标客户和产品角度实证研究养老保险产品的供需匹配问题。三是结合当前的现状，考虑政策和市场的情况研究围绕养老保险产品的具体问题。

养老服务缺口和养老保险购买不足间的矛盾，以及当前理想的养老保险安排与未来养老需求不可预期间的矛盾，这两大矛盾都将导致社会保险和商业保险在当前时点无法收到充足的保费而老龄群体在未来又难以获得充分的养老给付的双重困境。理解和解决这两大根本矛盾，许多有价值的问题尚需理论和实践上的进一步探索。

（一）养老保险需求的理论问题

"年金谜题"问题。令人意外的是，即使是如美国等经济发达的国家和地区，仍然存在年金谜题问题，人们对老年风险的财务规划主要还是靠储蓄和投资。面对该谜题，理论上可以通过不同的决策模型进行分析和解释，宏观层面可以研究政策导向的影响，例如，税优政策的力度等。

购买力需求与终极需求的差别问题。购买力需求与终极需求间的差别是困扰各国养老保险市场的一个重要问题。在许多地区，养老保险的购买水平不足和老龄群体的养老生活资料来源不足同时出现，这似乎与经典的市场原则出现了明显的不一致。消费者并未因为终极缺口的显著存在而增加养老保险的消费水平，这样的未满足需求成为了一个典型现象，在各国市场都显著长期存在。

有几种可能的原因会造成上述现象的产生。其一，青壮年群体对其老龄阶段的养老需求估计不足；其二，需求缺口与消费行为的不一致是由于决策时点存在差别；其三，风险价值的考量也是重要的致因。详细如下：青壮年群体很难充分预期其进入老龄阶段后的生活资料需求缺口。上文提及的调研性研究表明，多数就业期群体对养老问题缺乏考虑，仅部分退休前个体产生了一定程度的担忧。对于大多数就业期个体而言，退休的时点距离当前时刻具有很长的时间间隔，由于效用的贴现作用，老龄阶段需求的满足与未满足很难在个体当前的决策系统中占据较大比重。此外，养老保险购买的最合适时期一般在就业期的中前期，而此时的个体收入和个体资本存量都处于快速增长的状态，容易诱导对未来偏乐观主义的预期，进一步导致了其对老龄阶段问题的忽视；最后，总的收入约束也可能造成了一定的影响，当前时点的个体可能需要现金流来应对更为紧迫和重要的问题，因此无法为遥远的未来充分考虑延迟满足的价值损失，市场经验表明这样对被保险人最经济。

决策时点的不同也是引起差别的重要因素之一。理论上，购买力需求是由个体在青壮年阶段的最优决策确定的，而终极需求是由个体在老龄阶段的最优决策决定的，二者天然存在差异。一方面，不同阶段的效用权重在不同决策时点有所不同；青壮年阶段时，老龄阶段的效用水平需要经过效用贴现纳入目前的决策系统，而老龄阶段时，青壮年阶段的效用已经是过去式，很难公允进入决策系统进行度量。因此在不同的目标效用函数下，得到的最优保险需求水平当有所区别。另一方面，不同阶段的决策基于的信息不同；在青壮年阶段，老龄时期的资产及财务状况存在高水平的不确定性，个体需要从随机或预期的视角进行终极需求的考虑。而在老龄时期，当前的资产及财务状况已经确定，其缺口水平也可以在这部分确定的信息基础上进行度量，二者也自然会产生差别。

风险价值的考量则可能是重要的竞争性因素。对于青壮年个体而言，养老保险固然能够转移老龄生活资料不足的风险，但也新引入了货币贬值、保障不足和保险给付无法实现等风险。个体虽然很难衡量两类风险间的差别，但是在前景理论的语境下，个体会对由主动行为引入的风险更为谨慎和厌恶，这也可能导致了购买力需求受到竞争性的抑制。

不同时点下的生命周期模型可能更适合解决这一问题，在后续的研究中，我们将尝试在同一生命周期模型下，不同的决策时点对应的最优决策，并以青壮年阶段的最优决策和老龄阶段的虚拟最优决策间的差别作为两类需求差异的计量方法，度量需求差异的水平及其与各内外部要素的关系。

（二）保险产品形态和保障水平与需求匹配的实证研究

养老保险的形态和保障水平也是养老保险需求话题中重要的问题。在不同的经济发展阶段和投资环境下，需要提供与之匹配的养老产品。养老保险是一种特殊的生存年金保险，在近几十年的保障期内面临收入、支出、通货膨胀和投资的不确定性。

年金产品从本质上可以分为传统产品和新型产品，前者为固定当前缴费金额、固定退休后的未来受益，关于固定缴费还是固定给付，收入替代还是支出补偿等问题的讨论由来已久，各类研究也有各自的角度和观点，难以形成统一的结论。可能需要先通过实证来获得经验信息，进而校验理论。

可以结合我国保险机构目前经营管理的现实水平，分析开发传统的养老保险产品和新型养老保险产品的利弊，传统产品对公司经营管理的压力不大，利润稳定但难于销售，新型养老保险产品部分转移投资风险，需要公司具有更先进的管理能力和专业人才创造盈利。北美在 20 世纪 80 年代为了应对利率变动对寿险业的投资，开发了变额年金等投资联结的年金保险产品，经历了 40 年的发展，利率变化也经过了几个周期，其经验教训很值得我们学习和总结。

从养老保险产品的性质中也可以明显地看出，养老保障的水平也不是越多越好的，过高水平的养老保障可能会降低老龄群体的劳动积极性和社会认同，更有可能直接对当前阶段社会的消费和投资水平造成负面影响。此外，科学地设计养老保险的形态也是确保有限的养老保险资源发挥最大社会作用的重要保障。缴费方式的科学性可以有效降低养老保险保费对就业期群体造成的经济负担，也可以一定程度上刺激购买力需求向终极需求靠近；给付方式的合理性也可以更好地使养老金给付贴合真实的养老需求，避免逆向选择和道德风险的同时使被保险人享受到更灵活和更丰富的风险保障。

从理论的层面，计量经济工具、生命周期模型和问卷工具都对这个问题具有一定的适用性。后续本系列的研究将尝试通过计量经济理论建立保障水平和保障负担在宏观意义下的最优状态，并利用生命周期模型工具设计能够实现对应水平的保险形态，并借助问卷和调查工具衡量相应形态对不同生命阶段的被保险人的效用。最终产生理论意义上的理想保险形态和保障水平。

从实务的层面，需要切实考虑产品空间的离散问题。后续的研究将对市场上现存的养老保险产品和一些观点提出的创新型产品的形态和保障水平进行分析，并从消费者、机构和社会市场三个视角对产品形态和保障水平的优良性进行讨论，进而以此为基础，结合理论结果探索可行的实务产品设计指导方案。

具体地，系列将关注前述提及的宏观指标，包括 GDP、利率、通货膨胀、老龄化、人口健康水平、收入水平、居民资产配置策略、生育率、婚姻水平、家庭结构、养老文化与教育水平变迁等指标。搜集并判断相关指标可靠的实时评价及预测，并以此为基础对我国例如目前热度较高的医疗、长护、养老捆绑产品后续重点关注研究问题现有产品规模和保障水平对终极需求和购买力需求的覆盖程度进行评价，以及完成未来的需求水平的外推估计。

（三）结合当前政策和现状的商业养老保险需求研究

研究适用于税延养老试点的养老产品。经过近 3 年的试点，税延型养老保险在不同经济发展水平和文化差异的地区都有一定的经验积累，下一步的扩大试点将在产品形态和目标人群上都有迭代，如何将政策长期化、制度化，并提升养老第三支柱的价值是一个值得长期跟踪和关注的研究问题。

2018 年 4 月 27 日，《关于规范金融机构资产管理业务的指导意见》（简称资管新规）正式出台，拉开了我国资管领域规范化和制度化的序幕。在资管新规框架下，各类资产管理机构从市场和产品的角度进行统一监管，金融监管部门持续推动同类资管产品统一标准，建立健全产品发行、销售管理、投资运作、风险控制等制度细则。所有资管业务全面回归本源，展现出一系列积极的变化，特别是伴随资管新规过渡期结束，在销售和信用占优势的银行理财不断参与平等竞争的全面净值化阶段。从养老的投资属性看，养老理财产品、公募养老 FOF、养老保险产品将一同参与养老金融市场的竞争，也将促进保险业不断开发新型养老保险产品，呈现自身在精算和人寿风险管理的优势，错位竞争，满足目标投资者的差异化的养老投资需求。结合我国当前资产管理市场的类养老产品的现状，进行实证分析和研究，提出适合于保险公司经营管理水平和竞争优势的资管型养老产品是当前一个迫切的有现实的研究选题。

2021 年 12 月 30 日，国务院发布"'十四五'国家老龄事业发展和养老服务体系规划"，正式提出"国家老龄事业"的概念，从政策布局和市场机制等方面对"十四五"的养老发展确定了目标。规划支持商业保险机构开发"适老化"保险产品，有序发展老年人普惠金融服务，促进和规范发展第三支柱养老保险。支持商业保险机构开发商业养老保险和适合老年人的健康保险，引导全社会树立全生命周期的保险理念。从资产积累角度看，年轻人更应该成为第三支柱养老保险发展的重点，通过年轻人参与，逐步充实第三支柱养老保险的资产规模。从第三支柱来源来看，未来主要通过个人储蓄存款转化、减配不动产、第二支柱转存以及居民财富增长等路径实现。在这种"大养老"的背景下，保险业非常有必要研究配合国家发展战略的养老保险商业化发展路径和规划，研究可能的新增养老保险的保险需求以及与社会养老产业发展同步的保险业的机会。

六、总结

商业养老保险需求的研究总体上比较丰富，在经济发展和人口老龄化的双重背景下的研究重要性和研究热度也日渐上升。围绕需求水平、需求要素、产品形态和其他一些关键问题的研究都取得了有意义的进展，为市场的参与者和监管者对商业养老保险需求的理解和管控提供了有力的支持。

在研究方法上，经典的供需均衡理论体系为解释商业养老保险需求的成因、现状和变动提供了基本的认识框架；宏观视角下的要素分析和要素变动分析则为相关主体确定市场总体需求水平和需求变动的具体方向提供了便捷可用的工具；基于微观视角的生命周期模型和世代交叠模型则对典型个体的经济行为和保险行为进行了精确的刻画，对分析其最优需求水平提供了支持；一些问卷和调研工具在产生可靠的基础数据的同时，也对市场当前水平和一些模型难以刻画的规律进行了探测。

不同的研究工作产生的结论有所区别，但也形成了一些较有共性、争议较少的结论。研究普遍认为，社会发展、通货膨胀和人口老龄化的趋势都意味着对商业养老保险需求的还将继续；发展中国家和新兴经济体的商业养老保险需求尚存在较大的上升空间，发展较为充分的商业养老保险市场则需要寻求产品形态的转变以更好地同需求匹配；从市场的角度，经济性要素、社会性要素和人口性要素都是把控商业养老需求的重要要素，而从经营机构的角度，掌握30—70岁有一定收入水平的关键人群的消费、储蓄、保险和投资行为特征则是对需求精确掌握的关键。虽然有着良好的社会表现，商业养老保险购买力需求与终极需求的缺口仍然存在，消费者群体也表现出不同程度的风险意识和保障水平不足的特征，尚需一些创新性的策略和产品予以应对。

宏观视角下的要素分析，微观视角下的关键人群特征分析，产品特征对需求的匹配问题和需求本身的一些矛盾特征问题都将继续成为有理论和实务研究价值的研究问题，我们也将对相关问题继续保持关注。

参考文献

［AC18］Fernando Casanova Aizpun and Caroline de Souza Rodrigues Cabral. Pension schemes in Latin America, addressing the challenges of longevity. *SwissRe Institute*, page 27, 2018.

［Ano11］Anonymous. Introduction and overview of the 2012 annual report of the board of trustees of the federal old-age and survivors insurance and federal disability insurance trust funds. *Social Security Bulletin*, 71（3）: 133-148, 2011.

［BFJR81］Preston Bassett, Andrea Feshbach, Paul Jackson, and Haeworth Robertson. Are pension plans meeting anyone's needs? *Record of Society of Actuaries*, 7（4）: 16, 1981.

［Bro07］Jeffrey R. Brown. Rational and behavioral perspectives on the role of annuities in retirement planning. NBER Working Papers 13537, *National Bureau of Economic Research, Inc.*, 2007.

［HL74］Robert S. Headen and J. Finley Lee. Life insurance demand and household port-folio behavior. *The Journal of Risk and Insurance*, 41（4）: 685-698, 1974.

［HS08］Peter Haiss and Kjell Sumegi. The relationship between insurance and economic growth in Europe: a theoretical and empirical analysis. *Empirica*, 35（4）: 405-431, 2008.

［IL21］Wolf Ishay and Caridad Lopez del Rio Lorena. Funded-capitalized pension designs and the demand for minimum pension guarantee. *Public and Municipal Finance*, 10（1）: 12-24, 2021.

［JMP19］Tullio Jappelli, Immacolata Marino, and Mario Padula. Pension uncertainty and demand for retirement saving. CSEF Working Papers, 2019.

［Joh00］Per-Olov Johansson. Properties of actuarially fair and pay-as-you-go health insurance schemes for the elderly. An OLG model approach. *Journal of Health Economics*, 19（4）: 477-498, 2000.

［LGZQ21］Fangtao Liu, Xiaonan Guo, Rui Zhang, and Mingyue Qiu. The potential market size of the third pillar of the social pension system from the perspective of demand. *Insurance Studies*, 1（1）: 64-78, 2021.

［LNC16］Pu Liao, Ni Ni, and Ermo Chen. The optimal contribution rate to the individual account. *Insurance Studies*, 4（1）: 94-105, 2016.

［Wan19］Ning Wang. The demand for life insurance in a heterogeneous-agent life cycle economy with joint decisions. *The Geneva Risk and Insurance Review*, 44（2）: 176-206, 2019.

［WZ19］Xiaojun Wang and Jiaxuan Zhan. Will tax deferred policies stimulate the demand for pension insurance?—an analysis based on cumulative prospect theory. *Insurance Studies*, 7（12）: 94-105, 2019.

［XTM18］Yuan Xuemei, Pan Tianyang, and Zheng Minggui. Analysis on influencing factors of commercial endowment insurance demand of urban residents in different regions. *Journal of Insurance Professional College*, 32（2）: 25-33, 2018.

专题报告四
"心理"与"保险"的融合思考

一、"保险"与"心理"结合的趋势分析

（一）需求层面："心理健康"得到重视，群体差异明显

1. 心理问题具有世界性、普遍性

世界上约有 4.7%（95% 置信区间为 4.4%—5.0%）的人口在任一年的时间段内均有抑郁症的发作[1]。抑郁症的终身患病率达19.6%（即全世界约五分之一的人在一生中的某个时刻会经历一次抑郁）[2]。全球有4500万人受双向情感障碍困扰；2000 万人受精神分裂症困扰，69% 以上的精神分裂症患者没有受到妥善照护[3]。此外，还有许多其他心理相关问题困扰着世界民众，具体见图 1。

---

[1] 资料来源：Ferrari AJ，Somerville AJ，Baxter AJ，et al. Global variation in the prevalence and incidence of major depressive disorder：a systematic review of the epidemiological literature [J]．Psychol Med.2013（43）：471—481。

[2] 数据来源：世界心理健康调查（Word Mental Health Survey，WMHS）。

[3] 数据来源：世界卫生统计报告 2021（World Health Statistics 2021）。

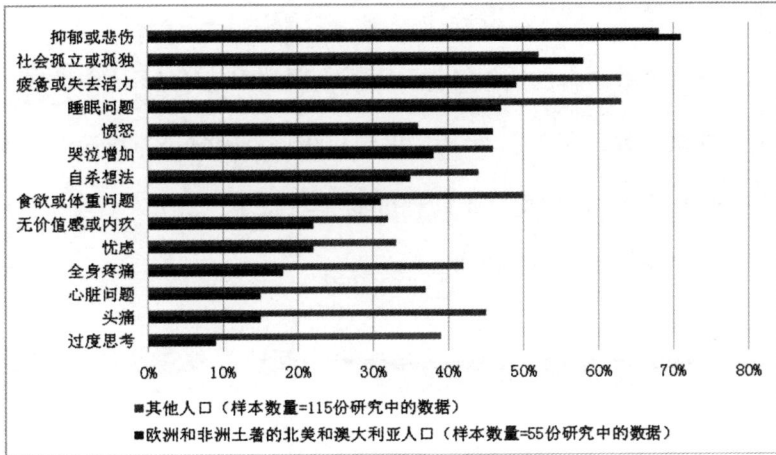

图 1　全球人群抑郁症状情况 [①]

从中国的具体情况来看，根据简单心理的抽样数据调研结果，情绪问题（78.49%）、个人成长（59.93%）和原生家庭（55.56%）问题是困扰受调查者最多的心理议题，具体见图 2。

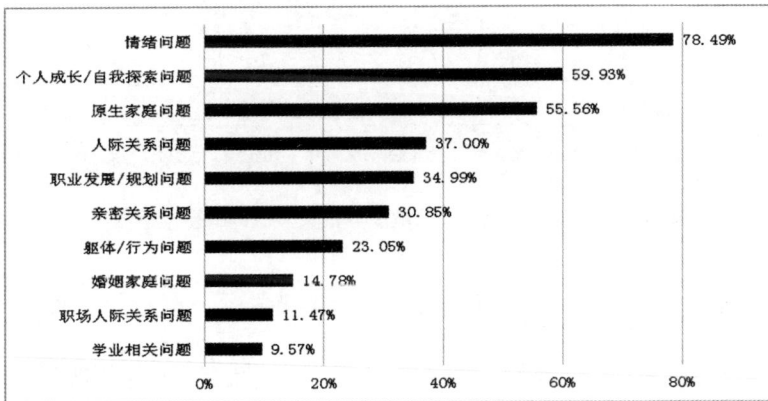

图 2　2021 年大众心理健康问题分布情况 [②]

[①] 数据来源：Helen Herrman，Vikram Patel，Christian Kieling，et al. Time for united action on depression：a Lancet‐World Psychiatric Association Commission［J］. THE LANCET. 2022（02）：957—1022。

[②] 数据来源：《2021—2022 大众心理健康洞察报告》，简单心理，2022。

2."心理健康"的关注度提升

根据巨量算数平台的数据统计，短视频网站中与"心理健康"有关的关键词的搜索指数，在 2021 年环比提升 900%+，同时，"抑郁"、"焦虑"、"心理咨询师"等关键词均有不同程度的大幅提升，表明人们对于"心理健康"相关问题的关注明显提升。

搜索指数

━━━━心理问题	━━━━抑郁症	━━━━焦虑
同比 +909.68% | 环比 +909.68%	同比 +50.52% | 环比 +50.52%	同比 +59.16% | 环比 +59.16%

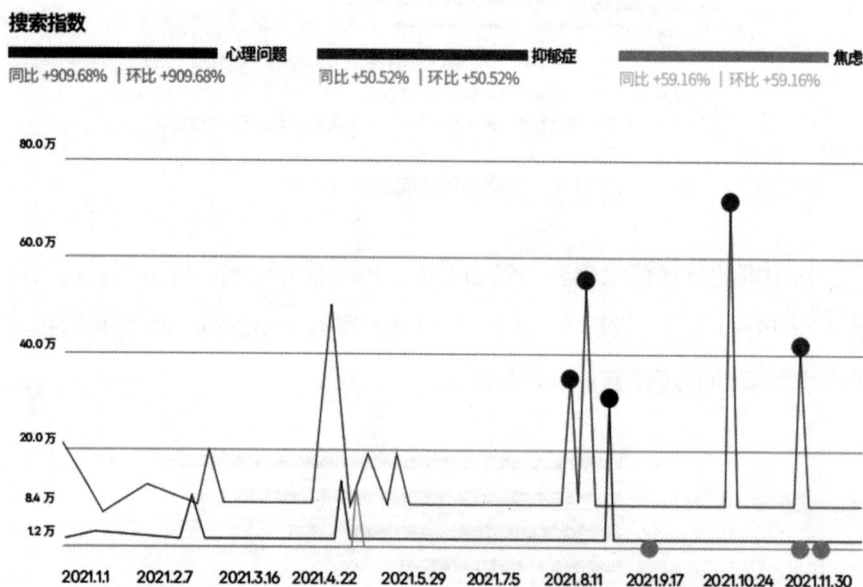

图 3　短视频网站中"心理健康"相关关键词的搜索指数[1]

3. 群体差异明显，引发多元化心理保障需求

心理问题受性别、年龄、职业等因素影响，群体差异化特征明显。这给心理研究增加复杂性的同时，也引发了多元化的心理保障需求。根据 2021 年简单心理平台的来访者匿名抽样调查，不同特征群体显示出不同

---

[1] 资料来源：《2021—2022 大众心理健康洞察报告》，简单心理，2022。

的心理特征。

性别层面，女性占来访者的 77.25%，男性占比 22.75%。这体现了女性和男性在压力管理方面的行为及策略的差异，女性在进行压力管理时更愿意通过心理服务来帮助自己进行调适。

年龄层面，26—30 岁的来访者最多，占比 31.80%，体现了成年后的中早期阶段面临更多压力及更有意愿和能力使用心理咨询服务。20 岁及以下的来访者较去年同比增长 70.83%，一方面体现了心理问题年轻化的趋势，另一方面也表明有更多父母有意识通过专业的心理服务帮助孩子调节心理状态。

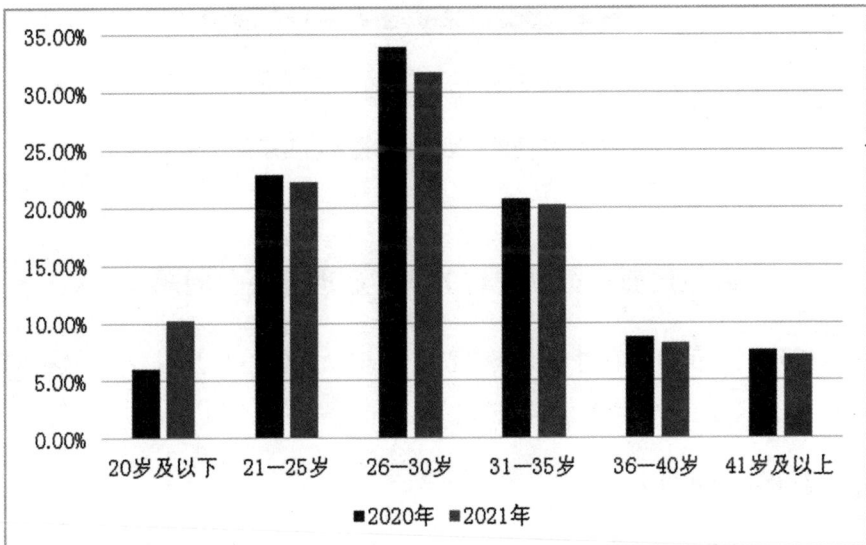

图 4　2020 年和 2021 年简单心理平台咨询来访者年龄分布

职业层面，在校学生成为了简单心理平台来访最多的群体，占比 21.95%，互联网通信行业从业者排名第二，占比 18.33%，文化教育行业（11.33%）、娱乐传媒（9.33%）、金融业（8.94%）等行业的来访占比也较高，体现了不同群体面临的不同学业或职业压力。

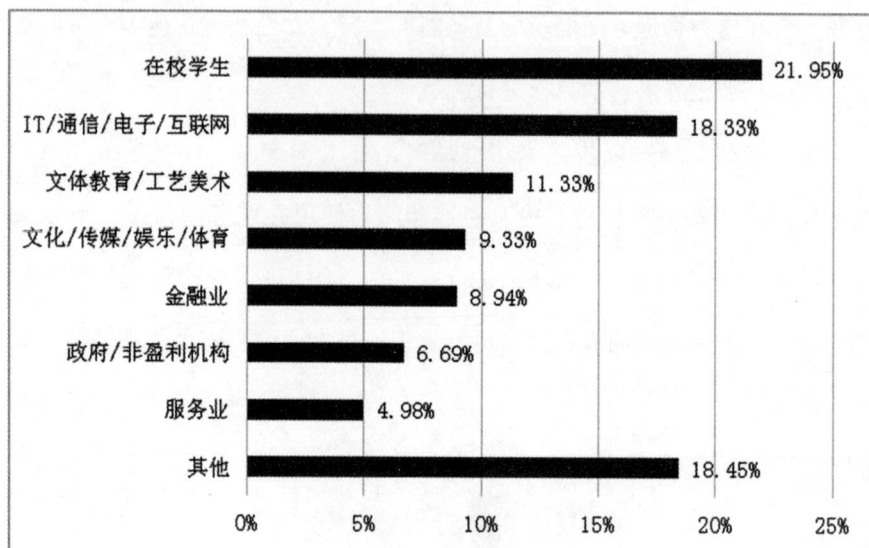

图 5　2021 年简单心理平台咨询来访者职业分布

（二）政策层面：鼓励支持关注"心理健康"问题

近年来，我国政府对于民众"心理健康"的关注度显著提高，政策端持续发力，逐步提升对全民普惠（特别是儿童青少年、老人等）的心理健康事业的重视和投入。

2019 年 7 月，健康中国行动推进委员会印发《健康中国行动（2019—2030）》，将"心理健康促进行动"作为十五个重大行动之一，提出"2030年居民心理健康素养水平提升到 30%"的行动目标，并鼓励各级各类医疗机构和专业心理健康服务机构提供规范的心理健康相关诊疗。同年 12 月，卫健委等 12 部委印发《健康中国行动——儿童青少年心理健康行动方案（2019—2022）》对进一步加强儿童青少年心理健康工作、促进其心理健康和全面素质发展提出了明确要求。

2021 年 3 月，《中华人民共和国国民经济和社会发展第十四个五年规划和 2035 年远景目标纲要》提出"完善心理健康和精神卫生服务体系"、"加强儿童心理健康教育和服务"等。同年 9 月，中保协发布《保险业健康管理标准体系建设指南》将"心理咨询"、"心理指导"作为保险行业提供健康管理服务的标准项目，鲜明体现了行业层面对于"保险"与"心理"结合的重视。

2022 年 2 月，国务院印发《"十四五"国家老龄事业发展和养老服务体系规划》，将"老年心理关爱行动"作为"老年健康促进工程"的一部分，以进一步完善老年健康支撑体系。

综上，"心理健康"已经成为国家层面关注的重点内容，提供了明确的政策导向与支持，行业层面的相关文件也体现了将"保险"与"心理"结合以配合国家政策的趋势。并且，政策文件还对儿童青少年、老年等特殊人群的心理健康提出了相关要求。

（三）场景层面："保险"与"心理"紧密贴合

世界卫生组织章程明确了对于健康的定义为"健康是身体、精神心理和社会福祉等全方位的健康，而不仅仅是身体没有疾病"。根据银保监会 2019 年新修订的《健康保险管理办法》对于"健康保险"的定义，"健康保险是指由保险公司对被保险人因健康原因或者医疗行为的发生给付保险金的保险"。因此，"心理健康"从原理上来看应当天然地属于以"健康"为标的的保险保障范围。

此外，引发"心理健康"问题的原因是多元化的，包括但不限于身体因素、意外因素、环境因素等方面的影响，因而这也使得保险与心理在多场景相结合成为可能。一方面，身患重大疾病或发生意外等可能影响到被保险人本人或其家属的心理健康，因而在重疾险、医疗险、意外险等多险种中搭配为被保险人本人及其家属提供的心理疏导、心理咨询等服务是尤为必要的；另一方面，由前文述，"心理健康"属于可保标的，设计专门针对心理健康问题的保险，或在健康险中增加心理责任，能够更为有效和直接地解决心理健康保障问题，其专业性和适用性更强。

随着保险业对于心理健康问题的认知逐步深入，保险产品与服务将进一步完善，保险与心理将结合得更为紧密，多种实现场景将成为可能与发展趋势。

（四）服务层面：类型多样、费用升高给"保险"以空间

精神病学和内科教授恩格尔提出的"生物—心理—社会"医学模式[①]，是健康行业较为认同的理论模型。在心理健康领域，专业人员基于模型指导，能够更为整体地了解民众的心理问题，并有针对性地提供不同种类与程度的资源，使得心理健康服务呈现多样化的发展态势。通过个案管理的形式，将心理咨询来访者在身体、心理、社会支持三个层面中所需

---

① George L. Engel，The Need for a New Medical Model：A Challenge for Biomedicine［J］，Science.1977（196）：129–236.

的资源进行统合的专业服务，可以最大限度支持来访者的改善。服务类型的多样使得保险与心理相结合的场景更为多元化。

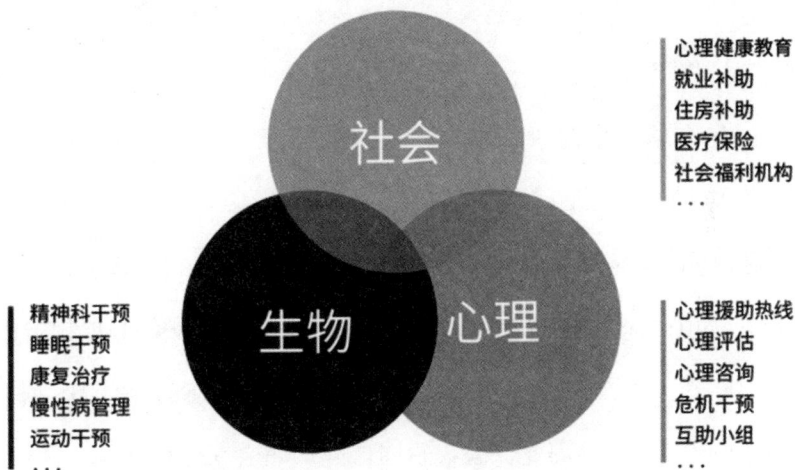

图 6　基于"生物—心理—社会"模型下的不同服务

与此同时，心理服务的费用也在不断升高。据简单心理匿名抽样调查统计，该平台 2021 年心理咨询来访者平均咨询费用达 6380.05 元，较 2020 年同比上涨 11.71%，近六年复合增长率为 5.48%。而从次均费用及咨询次数来看，2021 年，42.67% 的人选择了单次 500 元以上的服务，3.25% 的人选择了单次 1000 元以上的服务；2021 年，来访者平均咨询次数达 11.8 次，较 2020 年上升 0.98 次，20.25% 的人的年咨询次数达到了 20 次以上。民众在心理服务方面的花费增高，一定程度上体现了对于心理健康的意识提升，并且，费用趋于升高也使得民众更多依靠保险解决这一问题的需求增强，为"保险"与"心理"的结合带来发展契机。

二、"保险"与"心理"结合的国际经验

（一）美国

美国是全球心理健康市场规模最大的国家，2021 年美国心理健康市场规模约 450 亿美元，其中非门诊心理治疗（心理健康机构）市场规模 190 亿美元 [1]。整体来看，美国的心理健康保险市场已经发展得较为充分，相关费用由保险支付的情况非常普遍。在美国，支付心理相关治疗费用的保险既包括国家层面的医保（包括雇主承担的 EAP 和 CMS 承担的 Medicare）也有众多的商业保险，不同保险产品会在保费保额、免赔额、定额手续费、共同保险比例、心理医生的可选择性、处方药的覆盖与否等方面有所不同。

美国心理健康保险发展由多因素推动，包括法律法规、商业保险的接入及诊疗中心的搭建。《心理健康平等和成瘾公平法》[2] 通过，赋予了心理健康服务和身体健康服务享受同等的健康险费用补偿权益，才有商保介入的可能性，《平价医疗法案》[3] 的通过使得适用范围进一步扩大，要求在保险市场上销售的小团体和个人健康计划涵盖心理健康服务，且覆盖水平要

---

[1] 数据来源：IBIS WORLD。

[2] Mental Health Parity Law，2008 年通过，法案要求大型团体健康计划为心理健康问题和身体疾病问题提供同等保障。

[3] Affordable Care Act，奥巴马医保（ACA/Obamacare/major health insurance），即必须包含 essential health benefits 的保险，其中心理健康和药物滥用障碍服务，包括行为健康治疗（包括咨询和心理治疗）要求为必要医疗福利之一。

与医疗服务相当，涵盖了联邦州低收入居民中的大多数人。

在具体开展形式方面，心理服务提供者需要和保险公司申请收费，保险公司会对服务提供者的资质进行审核，如符合要求就会进行给付。并且，美国各保险公司与心理服务提供者往往有着非常密切的合作关系，如美国心理健康服务公司 LifeStance Health，参考其招股书，其 2020 年度收入的 89% 来自商业保险，付费模式几乎可以接入所有的商业保险计划，覆盖面也一直在扩大，与保险公司展开密切合作。通过跟踪临床结果、治疗质量和保险利用率，LifeStance Health 在跟进患者治疗情况的同时，还可为保险公司提供可量化的重要数据指标，有利于保险产品的制定，以及增加疾病治疗的可及性和可负担性。另如专注于年轻人心理健康的远程心理诊疗初创公司 Mantra Health 与相关保险公司（Optum 和 Cigna 等健康保险机构）合作试点，对于有需要在 Mantra 平台进行长期心理诊疗的中学生，其费用可由保险商直接支付。

在美国，心理健康保险也仍然有一些探索空间，如部分非 ACA 计划的产品没有覆盖心理保障，大部分产品保障均有保额限制，且保险的报销机制不完善，仍有相当比例的精神科医生不接受医保[①]，覆盖率[②]上也有进步的空间。

---

① 参考 lifestance health 和 talkspace 在 2021 年的招股书，仅有 55% 精神科医生接受医保，而其他专科医生则为 89%，使得患者需要自费治疗。

② 参考 happify health 研究结果显示，疫情爆发后的美国心理健康用户现状，其中面临心理问题的患者新增数量为 150 万，完全没有心理健康相关保险的成年人比例仍然为 11%。

（二）澳大利亚

澳大利亚整体情况与美国比较类似，心理健康保险也发展得比较迅速。

澳洲国家健康保险计划所提供的全民医保医疗指导收费标准清单（Medicare Benefits Schedule，MBS）可以覆盖精神健康和治疗的费用，如进行心理健康评估、制订心理健康治疗计划、转介给精神科医生或其他心理健康专家、开出治疗抑郁症或焦虑症的药物处方。在医生开具的心理健康治疗计划下，患者每年可以向 Medicare 报销由心理健康专业人士提供的 10 个疗程的服务，若必要还可获得更多次数的医疗服务。同时私人购买的商业保险也可以帮助支付更多的心理健康治疗费用，参考 HBF 等保险公司官网[①]，这些保险通常可以分为两种：extra cover 与 hospital cover，前者多支付发生在院外的心理咨询等费用，以帮助参保人通过心理学家和临床心理学家帮助管理广泛的心理健康问题，如抑郁、焦虑、压力、成瘾和饮食失调等；后者可以帮助支付住院期间的相关心理治疗费用，并且不同的产品、不同的保费等级在提供的治疗医院也有所不同。

同时澳大利亚相关机构也在不断改善相关问题，比如产品等待期的缩短以及相关服务豁免等，有利于民众利用保险获得更好的心理服务就医体验。

（三）德国

德国医疗保险体系与医疗卫生服务体系较为发达且完善，保障民众享

[①] https://www.hbf.com.au/health-insurance/extras-insurance/psychology.

有高水平的医疗卫生服务。法定医疗保险（Gesetzliche Krankenversicherung,
GKV）覆盖了约 88% 的人口①，其中包含了精神科医生的咨询、治疗、住
院和门诊护理、紧急服务和药物治疗等的保障，并且德国人还往往通过补
充医疗保险，在法定医疗保险之外保障更多的心理疾病治疗费用等。

德国心理健康保险起步较早，1946 年柏林成立了第一个由保险公司
开设的心理疾病研究所，1967 年心理治疗指南进入了德国政府制定的法
定的健康治疗体系之后，由医生提供的精神分析治疗在部分健康保险公司
列入了可以报销的治疗项目②，此后不断完善，健全了相应的健康保险付
费机制。在德国心理治疗与心理咨询有明确的划分，心理咨询多由政府或
慈善组织支持，免费开展服务，而心理治疗则明确属于医学领域的服务内
容之一，多由病人的保险机构来进行支付，目前德国公共健康保险资助三
种疗法：认知行为疗法、心理动力学疗法和精神分析疗法。

具体开展方面，德国建立了专门的 Aships③ 用以管理并代表开业医师
的利益并与社会保障系统协调，并获得保险付费。心理治疗服务提供者需
加入各州的 Aships，在诊疗过程中需对接待的每一个病人完成系统评估和
诊断报告，说明自己的治疗计划及方法，并将报告提交给保险公司评估审
核，申请获准后，心理治疗即可获得保险公司的付费，但往往不同心理治

---

① 数据来源：https://www.expatica.com/de/healthcare/healthcare-services/mental-health-in-germany-346138/#insurance。

② 钱铭怡，严俊，肖泽萍，等：德国的心理治疗培训和管理［J］，中国心理卫生杂志 2010 年 24 卷 2 期，81—85，96 页，ISTIC PKU CSCD，2010。

③ Associations of Statutory Health Insurance Physicians，即各州的法定健康保险医师协会。

疗存在不同的时限要求[①]，保险公司以此方式对治疗师的心理治疗服务起到监督作用。

三、"保险"与"心理"结合的国内现状

（一）社保层面："心理诊疗"纳入社保支付范围

1. 广东省

2018年5月，深圳市人社局发布《关于"心理治疗"和"心理咨询"市场调节价医疗服务项目医保支付标准的公示》，对实行市场调节价的"心理治疗"和"心理咨询"医疗服务项目进行协商谈判确定医保支付标准，并公示征询意见；同年6月，对相关文件进行了再次公示，最终确定了支付标准，见表1。

表1　深圳市心理相关服务项目医保支付标准（单位：元/次，每次不得少于30分钟）

主要医疗技术服务人员技术职称	心理治疗	心理治疗（家庭治疗）	心理咨询
初级职称	120	240	45
中级职称	140	280	55
高级职称	160	320	65

2021年5月，广东省医保局、人社厅印发《广东省基本医疗保险、工伤保险和生育保险诊疗项目目录（2021）》和《广东省基本医疗保险、

---

① 保险公司为不同心理治疗学派付费的治疗小时数是不同的，对行为治疗服务通常付费45小时，最大限度付费80小时；精神分析治疗付费通常为160小时，最大限度付费300小时。

工伤保险和生育保险医用耗材目录（2021）》，将"心理治疗"列入医保基金支付范围，并于8月15日起正式施行。基于此，广州市医保局印发《广州市"心理治疗"诊疗项目医保支付标准》，明确"心理治疗"依据医院收费级别确定医保支付标准，具体见表2。

表2 广州市心理相关服务项目医保支付标准

诊疗项目	医院收费级别	医保支付标准	计价单位	项目内涵
心理治疗	三级	200	元 / 次	在单独房间，安静环境，具有足够的理论知识、实践培训和督导基础的专业人员，进行相关精神心理学诊断，选择相应的心理治疗方法并进行规范的系统心理治疗。每次不得少于30分钟。
	二级	180		
	一级	160		

2. 北京市（海淀区）

2013年，为大力推进心理健康促进活动进入社区，普及心理健康知识，北京市海淀区建设了20个社区心理咨询室，由北京大学第六医院、北京师范大学教育培训中心、北京友谊医院给予支持。

2016年，北京市海淀区卫计委（现"北京市海淀区卫健委"）启动心理卫生服务活动，为当时的34个社区心理咨询室授牌，其中7个心理咨询室位于北京部分高校内，辖区居民和大学生可以在社区心理咨询室获得专业的心理咨询服务，服务根据心理咨询室的职称级别每小时收费在30—60元，相关服务纳入北京市海淀区医保支付范围。

（二）商保层面：增值服务与健康责任两种模式

1. 心理增值服务

"心理增值服务"是当前商保层面与心理相结合的主要模式，其实现方式是将心理咨询等较为浅层和轻量级的服务以健康管理的形式与保险产品进行简单绑定，投保相应的保险产品即可享受心理咨询服务。一般而言，其对于所结合的保险产品并无限制，部分保险公司会将心理服务作为一项高端客户服务，将其与终身寿险或年金等储蓄型产品相结合以吸引客户投保；也有部分保险公司将心理服务作为一大卖点，将其与健康险相结合。还有的保险公司会将其产品所提供的心理服务设置限制条件，如当被保险人或其家属罹患重大疾病的情况下才能启用，或限制每个自然年可以申请的次数等。

2. 心理健康责任

"心理健康责任"则是较为少见的情况，一般出现在中高端医疗险产品中，作为其中的一项责任，或是住院（门急诊）医疗保险金中所包含的一项费用，对由专科医生确诊的精神疾病所进行的精神科治疗或心理治疗（不含"心理咨询"）予以保障，部分产品仅限住院，部分产品扩展到门诊责任。具体来看，其具有以下特点：

- 须由专科医生（临床精神科医生或临床心理医生）确诊；

- 罹患合同约定的精神疾病^①或精神失常；

- 在精神卫生专科医疗机构或者设有精神卫生科室的医院接受住院（门急诊）治疗，或是接受临床精神病专科医生或临床心理医生治疗；

- 部分产品明确到具体疾病或治疗项目，如神经性贪食症、悲伤辅导和悲伤治疗、失眠症、注意力缺陷障碍、注意缺陷多动障碍；

- 部分产品会约定原因除外，如与丧失亲人、人际关系或学业问题、文化不适、工作压力有关的治疗；

- 除保额限制外，还会有天数或次数限制，常见的有每个保单年度内限 30 天、90 天、180 天，或限 30 次、40 次、50 次等。

四、"保险"与"心理"结合的商保产品开发探讨

（一）"保险"与"心理"结合模式的可行性分析

1. 心理增值服务

由前文述，"心理增值服务"是现阶段"保险"与"心理"结合的主要模式，其适合在当前及未来一段时间内在我国推广，原因有三：

一是民众及社会各层面对心理健康的关注程度有所提升，但其仍处于需求意识唤醒阶段，采取购买保险即可享受心理增值服务这种"赠送"形式，消费者更易接受，也更符合这一时期需要培育心理健康认知及需求的

---

① 注：部分产品将精神疾病定义为"世界卫生组织《疾病和有关健康问题的国际统计分类》（ICD-10）中列明的编码为 F00—F99 的疾病，或者《中国精神病分类方案和诊断标准》（CCDM-3）所定义的精神疾病"。

阶段特点。

二是各保险公司在保险产品中融入健康服务已探索多年并积累部分经验，相关流程较为成熟，因而通过增值服务的形式与保险相结合在实现方式上更为简单，更适合在普及推广阶段采用。

三是通过提供心理增值服务，积累客户画像数据，深入了解年龄分层、致病诱因、治疗周期等问题，为心理健康保险产品开发铺路。

然而，需要强调的是，"心理增值服务"是"保险"与"心理"相结合的初步模式，其用于解决二者结合初期的磨合与探索，本质上较为浅层和简单，并非通过保险解决心理健康保障的终点。

2. 心理健康责任

"心理健康责任"则是"保险"与"心理"结合的更为理想的模式，其是将心理健康风险纳入到健康保险所认同和可测量的健康风险中予以保障，是利用保险原理从产品层面系统性、社会化解决心理健康问题的方法。由前文述，当前产品中的"心理健康责任"仅将"精神科治疗"或"心理治疗"纳入到保障中，且是现阶段解决高端客户需求的方案，在"心理咨询"方面缺乏保障。然而，对于心理问题而言，心理压力是较难自觉和评估的，及时的干预和介入能够更为有效地促进健康。绝大多数人会在其生命周期内遭遇极为突然的心理压力骤增，部分民众还会因此产生短暂的"轻生"念头，此种情况可能并未到"心理治疗"的层级，依托简单的"心理咨询"即可使其免于丧失生命，将其纳入保障以完善"心理健康责任"极为必要，但这却面临下述难点：

一是责任的理赔条件难以判定。心理问题相比于其他生理问题的"主观性"更强，更难依托客观工具评估结果，由前文述，"精神科治疗"或"心理治疗"责任的理赔先决条件为"专科医生确诊"及"精神疾病或精神失常"，其所针对的是心理压力较为严重的患者，以临床症状、病历等标准控制风险。然而，何种程度的心理压力需要心理咨询，这一尺度很难把控，是产品开发的难点。

二是缺乏相应心理数据作为定价支撑。由前文述，"心理治疗"才仅被部分城市纳入当地社保支付范围不久，社保层面无法给出全国范围、较长时间周期的数据支持商保定价；而商业层面，受心理健康管理在我国发展历史尚浅等因素影响，心理服务商零散且质量良莠不齐，其业务数据有限、覆盖率较低，亦不能体现全国整体情况或代表社会平均水平。并且，无论是社保层面还是商业层面，均涉及信息保护的问题，会给商保在其中的数据合作造成壁垒，有效可靠的数据还需商保逐步在实际业务经营中作经验分析和总结。

（二）"保险"与"心理"结合产品设计思路

1. 依据人群特征提供专属化心理服务

由前文述，心理问题的群体差异明显，性别、年龄、职业等均为影响因素，依据人群特征提供有针对性的专属化心理服务能够更为直接有效地满足客户多元化的心理保障需求。例如，为青少年群体提供成长发育问题及青春期心理健康咨询；为大学生群体提供学业、社交及就业压力心理疏导；为孕期女性及其家庭提供妊娠早期、中期、后期、产后期等不同阶段的心理保健；为职场人群根据其职业类型及特点有针对性地提供工作及家庭关系压力调节；为退休人群提供"由忙转闲"的适应新社会角色、生活方式和生活环境过渡期心理调整等。

2. 依据成本与支付能力设定启用条件

无论是以心理增值服务的形式还是以心理健康责任的形式与保险相结合，都会涉及启用条件（享受服务／责任赔偿）的问题。从心理增值服务模式来看，可以依据所提供服务的成本来应用到不同的场景，对于低成本的服务（多为线上自助资源，如线上课程、心理测评、线上训练营等），可以不设置启用条件，即投保保险产品并经过犹豫期后即可使用；对于高成本的服务（多为人工服务，如心理评估、心理咨询、心理治疗等），则可以设置罹患重疾等限制条件，或将其搭配在面向高端客户的产品上。从心理健康责任模式来看，为了初步应对"心理咨询"纳入责任后理赔条件难以厘清的问题，可通过支付能力划分客群以进行风险控制，即在中高端医疗险中将心理咨询纳入保障范围，在百万医疗险中逐步纳入精神科治疗（含心理治疗）的责任。

3. 依据渠道特征提供差异化产品与服务

（1）个险渠道：引流获客或高端产品

个险渠道面对的是众多不同的消费者个体，较为复杂且个体间差异较大，并且，心理健康管理在我国发展时间较短，民众意识仍在启蒙和逐步觉醒过程中，因此现阶段仍不适合像推广百万医疗险、重疾险等产品一样在个险渠道宣传营销心理健康保险，而有两种发展方式值得实践。一是通过心理增值服务的形式，以创新、高质的服务引流获客，作为推动保险产品营销的有利工具，且培育客户心理健康管理习惯；二是面向高端客户开发专门的心理健康保险产品或纳入心理健康责任的中高端医疗险产品，增进客户体验的同时积累初步经验数据。

（2）团险渠道：福利计划及职域拓展

团险渠道则更多面对企业员工或企业服务的客群，本身就具有逆选择更低、风险分散的渠道特点，更适合推广经验或数据较少的产品与服务。可以有针对性地向企业推广一整套职场、家庭、社会关系的心理服务解决方案，作为其企业员工福利计划的一部分，或设计包含心理健康责任的保险产品，以团险的形式承保企业员工，其相比于个险渠道风险更加可控。此外，还可以在企业团险场景下做进一步的职域拓展，面向员工个人及其家庭推广仅包含精神科治疗（含心理治疗）的医疗险等形态较为成熟、风险更加可控的产品。

（3）互联网渠道：引流获客与线上问诊

互联网渠道则更为场景化、热点化、个性化，其消费具有快速化、注重体验、偏小额化的特点，并且"Z世代"已成为当前互联网渠道消费主力军，其更注重自我体验、更易接受新兴事物。因此，在互联网渠道更适合推介简单、浅层的、更适合大众的心理服务，用以帮助互联网保险产品引流获客。此外，还可以设计专门针对心理咨询线上问诊的保险产品，对咨询费用额度和次数做出一定限制，在风险控制的同时更好地切中渠道需求痛点。

（4）"惠民保"：基础服务和普及意识

"惠民保"虽非各保险公司的传统业务渠道，但其是近年来新兴产品形态与获客方式，普惠性是其核心特点，因而适合在"惠民保"产品中扩展基础的、低价高质的心理增值服务。并且，随着各保险公司及部分地方政府的宣传，"惠民保"逐步进入民众视线，将"惠民保"与"心理"结合，也能更好地普及民众心理健康管理意识。

五、总结

随着保险边界的不断扩展，"心理"相关服务与治疗也大势所趋地纳入了保险生态圈。从整体来看，我国消费者对于心理健康的关注度虽然有所提升，但仍处于一个浅层认知和初级阶段。开发"心理责任"的保险产品难度一方面在于有效心理数据的欠缺；另一方面，不同于其他责任判定相对明晰，如身故责任，心理责任的触发条件其实处于一个灰色地带，难以界定。例如将重疾发生作为心理服务的启用条件，实际上是用一个较清晰的边界替代了心理问题原本模糊的边界。在行业对此未达成共识前，或是解决方法之一。而心理数据的积累与应用，则需要两个行业共同摸索，长期规划发展。此外，目前疫情已成常态，心理问题也是其衍生问题之一，或正式加速两个行业融合的有利时机，切实为广大保险消费者提供有价值的产品和服务。

后　记

2021 年，在宏观经济、国际形势、新冠疫情等多重因素影响下，社会生活发生深刻变革，我国保险业发展也面临诸多挑战。监管方面出台了《关于进一步规范互联网人身保险业务有关事项的通知》等系列政策文件，对人身险保险产品的发展进一步的规范，行业总体处于调整和转型阶段。

中国财富网是中国财富传媒集团旗下专业的互联网金融信息综合服务平台，隶属于新华通讯社。我们自 2018 年起保持对保险业的高度关注，并坚持每月发布保险产品榜单，每年发布"人身保险产品研究报告"，有幸得到了业内人士与广大消费者的关注与反馈。

《2022 中国人身保险产品研究报告》已经是我们发布的第五本系列报告，今年报告延续往年报告的框架，包含一个总报告、六个分报告和四个专题报告，共覆盖定寿、终寿、重疾、年金、万能、中端医疗六类人身险险种。五年间，报告持续对市场上的保险产品进行标准化的整理与责任解读，全面地记录了中国人身险产品市场创新发展的历程，其出版对行业发展有积极的借鉴参考作用，为保险产品创新提供了坚实依据，也体现了我们的初衷——通过报告推动保险知识普及与消费者风险保障意识提升，并助力保险企业更好地追踪市场动态变化，更好地服务社会。

党的二十大报告深刻指出：要坚持以人民为中心的发展思想，维护人民根本利益，增进民生福祉，不断实现发展为了人民、发展依靠人民、发展成果由人民共享，让现代化建设成果更多更公平惠及全体人民。这对保险业也做出重要指引，要想群众之所想，急群众之所急，解群众之所忧，既要满足消费者多样化的保障需求，也要积极保护好消费者的合法权益。

希望本系列报告能为保险业发展贡献一份微薄的力量。在此特别感谢各位同仁为报告出版所作出的奉献，希望在未来，我们始终秉承着全面、客观、公正的原则，靠自己的一份努力，搭建起保险业与消费者之间沟通的桥梁。

中国财富网

2022 年 10 月